Dorothee Fleischmann und Carolina Kalvelage

111 Orte
im Weserbergland,
die man gesehen
haben muss

emons:

Für unsere Eltern, die diese Landschaft und Region liebten.

Danken möchten wir den Menschen, die uns auf unseren
Touren begegnet sind oder mit Informationen unterstützt haben.
Alle waren unglaublich hilfsbereit, herzlich und freundlich.

Bibliografische Information der Deutschen Nationalbibliothek
Die Deutsche Nationalbibliothek verzeichnet diese Publikation
in der Deutschen Nationalbibliografie; detaillierte bibliografische
Daten sind im Internet über http://dnb.d-nb.de abrufbar.

© Emons Verlag GmbH
Alle Rechte vorbehalten
© der Fotografien: Dorothee Fleischmann und Carolina Kalvelage
© Covermotiv: shutterstock.com/photolinc
Layout: Eva Kraskes, nach einem Konzept
von Lübbeke | Naumann | Thoben
Kartografie: altancicek.design, www.altancicek.de
Kartenbasisinformationen aus Openstreetmap,
© OpenStreetMap-Mitwirkende, ODbL
Druck und Bindung: Lensing Druck GmbH & Co. KG,
Feldbachacker 16, 44149 Dortmund
Printed in Germany 2018
ISBN 978-3-7408-0341-4
Originalausgabe

Unser Newsletter informiert Sie
regelmäßig über Neues von emons:
Kostenlos bestellen unter
www.emons-verlag.de

Vorwort

Dort, wo Werra und Fulda sich küssen, beginnt es, das Weserbergland. Hier entsteht die Weser und nimmt ihre Reise bis nach Bremerhaven auf, wo sie in die Nordsee mündet. Sie ist der längste Strom Deutschlands, der nur inländisch fließt, und sie bestimmt den Reiz des Weserberglandes von Hann. Münden bis zur Porta Westfalica. Rechts und links des zumeist gemächlich dahinfließenden Flusses liegen Wiesen, Wälder, Mittelgebirgs- und Höhenzüge. Dazu gibt es zahlreiche historische Orte mit prächtigen Fachwerkbauten, altehrwürdige Klöster und die berühmten Schlösser der Weserrenaissance.

Die Region regte die Phantasie zahlreicher Künstler an, und so stammt eine Reihe von Märchen- und Sagengestalten von hier: Auf der Sababurg fiel Dornröschen in einen tiefen Schlaf, Baron Münchhausen aus Bodenwerder erfand Geschichten vom Ritt auf der Kanonenkugel, und der Rattenfänger von Hameln stürzte eine ganze Stadt in Trauer. Heiße Quellen ließen berühmte Kurbäder entstehen, Deutschlands einzige Hofreitschule ist hier zu finden, und manchmal gibt es Konzerte auf einer ganz besonderen Orgel oder ein Bildhauersymposium. Im Frühjahr ergießen sich Märzenbecher über den Hamelner Schweineberg, unzählige Kirschbäume blühen in der Rühler Schweiz, und Orchideen gedeihen auf dem Burgberg. Im Mittelalter entstanden in der waldreichen Gegend Glashütten oder Hutewälder.

Bis heute wissen die Menschen im Weserbergland aus den Gegebenheiten das Beste zu machen: Manufakturen für Öl oder Senf und kleine Brauereien gibt es, spezielle Museen, die sich verschiedensten Nischen widmen, Hofläden oder sogar Eierautomaten und feine Kaffeeröstereien erfreuen Bewohner und Reisende. Den Menschen hier ist anzumerken, dass sie sich mit ihrer Region verbunden fühlen. Ihr freundliches Entgegenkommen und ihre Gastfreundschaft machen es leicht, sich wohlzufühlen.

Machen Sie sich auf, die Kleinode einer alten Kulturlandschaft zu besuchen und liebenswerte, skurrile oder außergewöhnliche Orte zu entdecken.

111 Orte

1__ Schloss Schwöbber

Ungelogen himmlisch schlafen

Im alten Schloss Schwöbber lebte einst der Baron Münchhausen – nein, das ist gelogen. Denn der Mann, der für seine Lügengeschichten weithin berühmt wurde, wohnte niemals hier. Aber er gehörte zum gleichen Adelsgeschlecht, das die imposante Anlage errichtete. Hilmar von Münchhausen hieß der Bauherr. Die schönen Wappen von ihm und seiner Frau sind noch heute am Torhaus zu finden. Das Schloss zählt zu den bedeutendsten Bauten der Weserrenaissance. Und es sieht besonders prächtig aus, wenn es sich bei Sonnenschein im Wasser spiegelt, das es umgibt.

Nach wechselvoller Geschichte befindet sich hier heute ein Fünfsternehotel. Ursula und Friedrich Popken erwarben Schloss und Park 2002 und ließen alles behutsam sanieren. So entstand Luxus in seiner angenehmsten Form. An nichts wurde gespart, die gesamte Einrichtung zeugt von erlesenem Geschmack und feinem Gespür für das ehrwürdige Gemäuer. Das Herzstück bildet der Rittersaal, in dem man am Nachmittag seinen Tee trinken kann oder einen Aperitif zu sich nimmt. Neben dem Schloss wurde außerdem die sogenannte Zehntscheune hergerichtet. Sie ist unterirdisch mit dem Schloss verbunden. Zu erwähnen bliebe noch, dass im Hotel auch auf hohem Niveau gekocht wird.

Der zum Schlosskomplex gehörende Park zählte im 18. Jahrhundert zu den frühesten englischen Gärten auf dem europäischen Festland. Auch interessierte Nicht-Hotelgäste können ihn auf Anfrage besichtigen. Seine Anlagen galten damals als so bedeutend, dass selbst Zar Peter der Große sich auf den Weg machte, sie zu besuchen. Er weilte im nahe gelegenen Bad Pyrmont und interessierte sich speziell für die Ananasfrucht, die in der Orangerie kultiviert wurde.

Gewächshäuser für exotische Früchte existieren hier heute nicht mehr, aber in einem kleinen Pavillon steht ein Ananas-Denkmal, das an den erlauchten Besucher erinnert.

Adresse Schlosshotel Münchhausen, Schwöbber 9, 31855 Aerzen, Tel. 05154/70600, www.schlosshotel-muenchhausen.com | **Anfahrt** über B 1, in Groß Berkel auf die L 432 (Dibbetweg) abbiegen, der Straße folgen, das Schloss liegt dann auf der linken Seite | **Tipp** In der schlosseigenen Kapelle aus dem Jahr 1840 besteht die Möglichkeit, konfessionslos zu heiraten!

2__ Der historische Kurpark

Zwischen Tuffstein-Quelle und Berliner Hügel

Man muss nur ein wenig seine Phantasie spielen lassen. Dann ist auf einem Spaziergang durch den großzügigen Kurpark die alte Grandezza noch zu spüren. Damen in hellen Kleidern und mondänen Hüten flanieren die Alleen entlang, begleitet von Herren in eleganten Anzügen. Bad Eilsen war einst ein bekanntes Modebad, die Gäste kamen von weit her, unter ihnen viele illustre Persönlichkeiten. Heute geht dem Besucher hier oft das Wort »Vergänglichkeit« durch den Sinn. Es heißt, die Schwefelquellen in Bad Eilsen zählten früher zu den besten Europas, sie linderten Rheuma, Gicht und Hauterkrankungen. Die Grünanlagen bildeten einen weiteren Teil der Therapie. Man ging an der frischen Luft spazieren und pflegte dabei Konversation mit anderen Gästen.

Durch den Park plätschert die Bückeburger Aue, die Brücke darüber führt zu den Tennisplätzen. Um die Tuffstein-Quelle des kleinen Flusses wurde 1914 ein Säulenhalbkreis errichtet, der zum Wahrzeichen des Ortes avancierte. Das gesunde Wasser sprudelt dort am stärksten, enthält aber wenig Schwefel. Insgesamt sechs Brunnen liegen im Park. Einen von ihnen, die Julianenquelle, schmückt ein schönes Mosaik. 1918 wurde der Fürstenhof errichtet, in dem der Adel und gut betuchte Gäste logierten. Für die bürgerlichen Besucher Bad Eilsens baute man das Badehotel. Die imposante Architektur der Anlagen vermittelt noch heute den einstigen Glanz.

Die herrschaftlichen Gebäude waren es wohl auch, die neben der zentralen Lage des Ortes innerhalb der britischen Besatzungszone den Ausschlag dafür gaben, dass die Royal Air Force Bad Eilsen nach dem Krieg zu ihrem Hauptquartier erkor. In den 70ern zog es zahlreiche Berliner her. Grund dafür war ein Abkommen zwischen der Landesversicherungsanstalt Berlin und den Kurkliniken. Der Hang am Harrl bekam den Spitznamen »Berliner Hügel«, weil so mancher hier eine Wohnung kaufte und blieb.

Adresse Am Kurpark, 31707 Bad Eilsen | **Anfahrt** von der B 83 aus Bückeburg kommend in Bad Eilsen links auf die Bückeburger Straße, an der 1. Möglichkeit rechts auf die Bahnhofstraße, dort bestehen nahe am Kurpark Parkmöglichkeiten, zu Fuß Richtung Harrlberg links in die Harrlallee, bis zum Golfplatz | **Öffnungszeiten** ganztägig | **Tipp** Vom »Haus des Gastes« an der Bückeburger Straße 2 werden Führungen durch den Kurpark angeboten (Tel. 05722/88650, www.bad-eilsen.info/tourismus).

3__ Der alte Hafen

Zu neuem Leben erweckt

Zum Bad wurde der Ort erst 1977 ernannt. Seine Existenz verdankt Bad Karlshafen aber dem hessischen Landgrafen Carl von Hessen. Er gründete den Ort für protestantische Glaubensflüchtlinge aus Frankreich, die Hugenotten. Später hatte er die Idee, daraus eine Handelsstadt mit Hafen zu machen und den Landgraf-Carl-Kanal anzulegen. So konnte er die Nordspitze seines Herrschaftsbereiches mit der damaligen Hauptstadt Kassel auf dem Wasserweg verbinden und gleichzeitig das Stapelrecht in der niedersächsischen Stadt Hann. Münden umgehen. Damals war es üblich, dass Kaufleute hier und in anderen Städten ihre Waren abladen und handeln mussten, bevor sie weiterfahren durften. Wenn sie jedoch ein Stapelgeld zahlten, waren sie von der Pflicht befreit. Die fortschrittlichen Pläne des Landgrafen sind nur teilweise realisiert worden.

Bad Karlshafen wurde als Barockstadt erbaut und ist bis heute ein sehenswertes Gesamtkunstwerk. Schnurgerade verlaufen die symmetrisch angelegten Straßen an den weißen Häusern entlang. Alle Gebäude haben einen einheitlichen Stil und sind mit der gleichen Schrift versehen. Das Hafenbecken dagegen, aber auch die Schleuse zur Weser, die von 1723 bis 1844 genutzt wurden, zeigen, dass sich die Idee des Landgrafen nicht langfristig rentiert hat. Kein Wasser, keine Schiffe mehr, das Hafenbecken wächst allmählich zu. Eine Neubelebung ist aber geplant. Dann soll die Schleuse zur Weser für kleinere Boote wieder geöffnet werden. Dadurch erhofft sich der Ort mehr Lebendigkeit. Vor allen Dingen aber soll die Nähe zum Wasser wieder präsenter sein.

Vorerst ist von der regen Betriebsamkeit einer Handelsstadt nur wenig zu spüren. Viele Geschäfte stehen leer, die Straßen sind mäßig belebt, die Einwohnerzahlen gehen stetig zurück. Bad Karlshafen ist ein ruhiges und beschauliches Örtchen geworden. Und Carl von Hessen hat von seinem Denkmal am Hafenplatz einen Blick darauf.

Adresse Hafenplatz, 34385 Bad Karlshafen, aber auch Weserstraße, Brückenstraße, Friedrichstraße, Bergstraße, Carlstraße | **Anfahrt** über die B 80 in Richtung Zentrum fahren, der Hafen liegt direkt an dieser Straße | **Tipp** Von einer hugenottischen Winzerfamilie stammt die Weinhandlung J. Römer, Hafenplatz 15, in der es Weine und Liköre gibt, aber auch Antiquitäten und Raritäten im angrenzenden Laden.

4 Die Aussichtsplattform

Schönster Weserblick

In 80 Meter Höhe über der Weser gibt es eine Aussichtsplattform, die garantiert nichts für Menschen mit Höhenangst ist. Denn sie wurde nicht aus Beton, sondern aus Drahtgeflecht errichtet, sodass auch der Blick zwischen den Füßen hindurch direkt nach unten mehr oder weniger frei ist.

Aber eigentlich ist es egal, ob man sich auf die Plattform traut oder nicht, denn der gesamte Pfad entlang der Hannoverschen Klippen bei Bad Karlshafen ist herrlich. Er verläuft hoch über der Weser, und teilweise geht es recht beschwerlich bergauf. Einen wunderbaren Einstieg in den Weser-Skywalk gibt es oberhalb der Klippen. Die Fahrt hierher durch den Wald des Naturparks Solling-Vogler ist schon schön, doch der Weg vom Parkplatz durch den Wald entlang der Klippen bis zum Skywalk ist einfach umwerfend. Durch die Bäume blitzt immer wieder die weiße Silhouette der Barockstadt Bad Karlshafen. Der gesamte Pfad erstreckt sich zwischen Würgassen und Bad Karlshafen und ist sehr abwechslungsreich. Nie wird es langweilig, und auch ein Naturlehrpfad gehört dazu. Vor allem aber ist der Weg hier oben im »Norden« Deutschlands eine Besonderheit, weil die Zahl der Höhenwege doch sehr beschränkt ist. Im Sommer ist der Skywalk ein beliebtes Ausflugsziel, aber auch die Nebensaison hat ihre besonderen Reize.

Zum Skywalk selbst gehören eigentlich nur die Treppen zur Plattform. Daneben führt ein kleiner Weg auf den Klippensteig. Der Pfad erstreckt sich über 500 Meter bis zur Weser hinunter und ist zum Teil ziemlich steil. Es werden insgesamt 100 Höhenmeter überwunden. Für alle, die nicht so gut zu Fuß sind, gibt es aber auch direkt bei der Aussichtsplattform einen Parkplatz mit Imbiss. Die traumhafte Aussicht lohnt sich auf jeden Fall! Das Dreiländereck ist zu erkennen, den Lauf der Weser kann man verfolgen, rechts ist Würgassen zu sehen, links Bad Karlshafen, und natürlich Wälder, Felder, Weite! Und das bisher alles gratis.

Adresse Weser-Skywalk, Forststraße, 34385 Bad Karlshafen | **Anfahrt** über die B 241 Richtung Brüggefeld, kurz danach ist der Wanderparkplatz ausgeschildert, und es geht abwärts | **Tipp** Besonders schöne Ausblicke bieten auch der Köterberg bei Lügde und der Rodeneckturm bei Höxter.

5 Das wertvollste Evangeliar

Nahezu unbezahlbare Handschriften

Das kleine Helmarshausen zählt zu den ältesten Siedlungen und Städten im nördlichen Hessen. Im Jahr 944 wird es erstmals urkundlich erwähnt. Heute bildet es einen Ortsteil von Bad Karlshafen. Um 987 wurde hier ein Benediktinerkloster gegründet, das im 12. Jahrhundert seine Blütezeit erlangte. Berühmt war es damals vor allen Dingen durch sein Skriptorium. Dort fertigten Künstlermönche wertvolle Buchmalereien. Unter anderem entstand das »Evangeliar Heinrichs des Löwen«, das lange Zeit als die teuerste Handschrift der Welt galt. Erst 1994, als Bill Gates auf einer Auktion für 30,8 Millionen Dollar ein Manuskript Leonardo da Vincis ersteigerte, übertrumpfte dieser Betrag denjenigen, der noch elf Jahre zuvor für die kostbare Handschrift aus Helmarshausen gezahlt worden war. Das Original wird heute in der Herzog August Bibliothek in Wolfenbüttel aufbewahrt und kann aus konservatorischen Gründen nur sehr selten besichtigt werden. In Helmarshausen kann man im Heimatmuseum und in der Kirche einzelne Faksimile-Seiten des Wunderbuches betrachten.

Das Kloster wurde schon zu Zeiten der Reformation aufgelöst. Heute befinden sich in seinen einstigen Mauern ein Kindergarten und ein Jugendheim. Um an die große Bedeutung der Buchmalerei zu erinnern, soll im Klosterhof eine lebensgroße Bronzeskulptur der damals wirkenden Mönche Heriman und Roger errichtet werden. Zur Verwirklichung der Idee läuft derzeit eine Spendenaktion.

Das Heimatmuseum von Helmarshausen ist im ehemaligen Rathaus des Ortes untergebracht. In seiner Ausstellung zur Buchmalerei im Mittelalter erfährt man, wie einst Pergament, Tinten und Farben hergestellt wurden. Die Krukenburg bei Helmarshausen ist ebenfalls einen Besuch wert. Und nicht weit von dort liegt auch das »Café zur Krukenburg«, auf dessen Terrasse man bei schönem Wetter leckeren Kuchen und einen herrlichen Ausblick genießen kann.

Adresse Heimatmuseum: Poststraße 47, Café zur Krukenburg: Am Krukenberg 1, 34385 Bad Karlshafen-Helmarshausen, Tel. 05672/755 | **Anfahrt** Helmarshausen liegt etwa 2 Kilometer von Bad Karlshafen entfernt direkt an der B 83 | **Öffnungszeiten** Museum April–Okt. Mi 10–12 Uhr, Sa und So 15–17 Uhr, Gruppen nach Vereinbarung auch außerhalb dieser Zeiten | **Tipp** Im Café können Sie sich auch über die Krukenburg informieren oder nach einer Burgführung fragen. Und wer gern in Jugendherbergen über- nachtet, kann dies ebenfalls in Helmarshausen tun.

6__ Der feine Käseladen

Hier ist, bien sûr, alles Käse

Französische Käsespezialitäten im kleinen Bad Münder? Pourquoi pas?, fragte sich Patrick Couvreur, ein waschechter Franzose, der hier nun seit mehr als zwölf Jahren ein Feinkostgeschäft betreibt. Das Interesse an gutem Käse wurde ihm sozusagen in die Wiege gelegt. Bereits in der vierten Generation dreht sich in seiner Familie beruflich alles um das feine Milchprodukt. Sein Vater vertrat in Frankfurt einen Großhändler aus Paris, der eine direkte Verbindung zu vielen kleinen französischen Käsereien hatte. Zu den Kunden zählten die besten Käsefachgeschäfte Deutschlands. 1985 steigt der Sohn mit in das Geschäft ein. In Bad Münder gründet er 2006 »Delizioso«. In seinem Delikatessenladen sind Köstlichkeiten aus Italien und Frankreich an einem Ort vereint.

Patrick Couvreur bietet ein ausgesuchtes Sortiment an traditionellen Bauern- und Rohmilchkäsen von Schaf, Ziege und Kuh an. Man kann das alles riechen, sobald man den Laden betritt. Dazu gibt es gute Weine, verschiedene Sorten Salami, Delikatessen und Feinkost aus Frankreich und Italien. Etwas Besonderes ist auch die leckere, von Hand geformte und gesalzene Butter aus der Bretagne. Es gibt Kräuter, Gebäck und eine gute Auswahl an unterschiedlichen Ölen. Erlesene Senfspezialitäten aus dem Burgund dürfen natürlich auch nicht fehlen. Allein die schönen Verpackungen und Gläschen mancher Spezialitäten möchte man schon mitnehmen und zu Hause ins Regal stellen. Die Käsetheke des Geschäfts wurde 2012 vom Magazin »Der Feinschmecker« unter die 400 besten des Landes gewählt.

Seit einiger Zeit veranstaltet Patrick Couvreur auch Käseseminare. Dabei können die Teilnehmer eine ganze Reihe verschiedener Sorten kosten und gleichzeitig viel über die Herstellung und Geheimnisse des Käses erfahren. Die Seminare erfreuen sich außerordentlich großer Beliebtheit, und man sollte sich deshalb unbedingt rechtzeitig anmelden.

Adresse Delizioso Feinkost, Lange Straße 27, 31848 Bad Münder, Tel. 05042/589351 | **ÖPNV** von der B 442 im Zentrum links in die Lange Straße abbiegen, et voilà! | **Öffnungszeiten** Mo–Do 8.30–13 und 15–18 Uhr, Fr 8.30–19 Uhr, Sa 8.30–14 Uhr, Mi nachmittags geschlossen! | **Tipp** Bei gutem Wetter sitzt man sehr schön auf der Terrasse des Clubhauses »Waldschlösschen«. Es liegt auf dem Gelände des »Golfclub am Deister«, steht aber auch Besuchern offen. Patrick Couvreur betreibt übrigens auch ein traditionelles Käsegeschäft in Hannover.

7___Das Gradierwerk im Park

Woher kommt eigentlich das Salz in der Suppe?

In der Stadt am Deister drehte sich beinahe tausend Jahre lang alles um das Thema Salz. Denn das war damals nicht nur in der Suppe wichtig, sondern wurde in einer Zeit, in der es noch keine Kühlschränke gab, auch dringend zur Konservierung von Lebensmitteln benötigt. Das Gradierwerk, das heute in Bad Münder steht, ist aber erst 1999 nach historischem Vorbild neu errichtet worden. Um 1820 begann man, das Salz in Anlagen wie dieser zu gewinnen. Vorher wurde die Sole in großen Pfannen gesiedet. Die Männer, die mit dem Sieden des Salzes zu tun hatten, wurden in der Region Söltjer genannt. Einen Stoff gradieren bedeutet, ihn langsam zu konzentrieren. Davon leitet sich der Name Gradierwerk ab.

Das Werk in Bad Münder besteht aus einem 15 Meter langen und 4,5 Meter hohen Holzgerüst, das dicht an dicht mit Reisigbündeln, häufig aus Schwarzdorn, gefüllt ist. Zur Salzgewinnung wurde die Sole durch das Reisig geleitet. Dabei verdunstete das Wasser, Verunreinigungen wurden von den dünnen Zweiglein aufgefangen, und es entstand auf natürliche Weise reines Kochsalz.

Das Geräusch des Wassers, das hier am Rande des Kurparks langsam durch die Reisigbündel rieselt, hat beinahe etwas Meditatives. Heute dient das Gradierwerk nur therapeutischen Zwecken. Das Einatmen der solehaltigen Luft hilft bei Erkrankungen der Atemwege und steigert das Wohlbefinden. Gleich neben dem Gradierwerk liegt auch eine Wassertretstelle, in der man ein kleines Fußbad à la Kneipp nehmen kann, um die Abwehrkräfte zu stärken.

Söltjer führen die Besucher Bad Münders auf Stadtrundgängen zu Orten, die die salzhaltige Geschichte der Stadt bezeugen. Vor dem Rathaus steht der Söltjerbrunnen, der an das Gewerbe erinnert. Er zeigt zwei Salzarbeiter an der Siedepfanne. Einer ist dabei, das kristallisierte Salz zusammenzukratzen, der andere will es in seiner schweren Kiepe zu den Kunden tragen.

Adresse im Kurpark, 31848 Bad Münder, nahe Hannoversche Straße und Konzertsaal | **Anfahrt** über die B 442 nach Bad Münder, hier in die Hannoversche Straße abbiegen | **Öffnungszeiten** ganzjährig | **Tipp** Im Museum im Bürgerhaus von 1752, dem einstigen Haus der Schusterfamilie Kallmeyer, können Sie sich ansehen, wie eine Bürgerfamilie um 1880 lebte (geöffnet Mitte April–Dez. So 15–18 Uhr). Und um 9.15, 12.15 und 16.15 Uhr erklingt am Söltjer-Brunnen ein Glockenspiel.

8_ Der Große Abwasch

Umstrittene(s) Kunst(werk)

Wer will schon in seiner Freizeit an den großen Abwasch, der zu Hause wartet, erinnert werden? In Bad Nenndorf steht eine Skulptur des Künstlers Timm Ulrichs, mit der er genau dieses Thema umgesetzt hat. Am Anfang des Kurparks, unweit des Landgrafenhauses, stehen riesige Tassen und Untertassen zum Brunnen gestapelt. Der Vorschlag setzte sich bereits vor über 20 Jahren in einem Wettbewerb in Chemnitz durch. Die Umsetzung erfolgte aber erst 2016 und löste schon vorher einige Diskussionen aus.

Die Idee, die hinter der auffälligen Skulptur steht, ist, die traditionelle Brunnenform mit Aspekten des modernen Alltags zu verbinden. Schon bei klassischen römischen Brunnen fließt das Wasser von oben über Gefäße auf verschiedenen Ebenen hinab bis ins Brunnenbecken. Normalerweise sind diese Gefäße einfach nur Schalen. Timm Ulrichs hat daraus Tassen und Teller gemacht, über die das Wasser fließt. Wie beim Abwaschen des Geschirrs im Alltag. Das Herrschaftliche, das vielen Brunnenmotiven innewohne, wollte er ersetzen durch »ein vertrautes Bild, das jeder kennt« und zu dem jeder eine Beziehung aufbauen kann. Die Tassen wurden aus hochwertigem Aluminium angefertigt, das auch widrigen Witterungsbedingungen standhält. Der Künstler ist seit 1959 als selbst ernannter »Totalkünstler« aktiv und hat sich selten nach den Geschmacksurteilen des Kunstbetriebes gerichtet. Kunst im öffentlichen Raum ist für den gebürtigen Berliner, der im Oldenburger Land aufwuchs, schon lange ein wichtiges Thema. Der »Große Abwasch« hängt mit seiner WG-Zeit zusammen: Als einziger Mann mit sechs Frauen kümmerte er sich ums Spülen.

Doch nicht allen Bürgern des Ortes gefiel das, denn aus ihrer Sicht hat der »Große Abwasch« eigentlich keinen Bezug zu der Kurstadt Bad Nenndorf. Den Befürwortern dagegen gefiel die ungewöhnliche und moderne Skulptur. Jetzt hat sie ihren festen Platz in dem alten Kurort.

Adresse Kurhausstraße Ecke Kurpromenade, 31542 Bad Nenndorf | **Anfahrt** von der B 442 in die Hauptstraße abbiegen, weiter, bis diese zur Horster Straße wird, und dann links in die Bahnhofstraße, wieder links in die Kurhausstraße, am Ende direkt am Kurpark befindet sich die Skulptur | **Tipp** In der Kurhausstraße 3 befindet sich das Café »Mama Frieda«. Selbst gebackener Kuchen, leckere Tagesgerichte, freundliche Bedienung und Kleinigkeiten zum Mitnehmen gibt es hier.

9 Die Süntelbuchenallee

Da muss der Teufel mit im Spiel sein

Früher gab es unzählige Sünteln im Weserbergland. Da die Bäume sich eigentlich nur als Brennholz eigneten, wurden sie nach und nach abgeholzt. In Bad Nenndorf jedoch stehen einige Prachtexemplare und bilden eine dichte Allee direkt am Kurpark. Mit circa 50 Süntelbuchen und einer Länge von 500 Metern soll es die größte Ansammlung in Deutschland sein. Die knorrigen, verdrehten Äste bilden eine Art Dach und laden zum Klettern oder Schaukeln ein. Das Klettern bekommt den Buchen leider nicht gut, dennoch sind sie faszinierend für Kinder und Erwachsene. Sie wachsen aufgrund eines Gendefekts vor allem in die Breite und im Zickzack. Bei schönem Wetter sind Maler und Fotografen hier anzutreffen, die deren Einzigartigkeit in ihren Bildern festhalten wollen.

Inzwischen bemühen sich Botaniker um die Bäume, damit sie nicht vollends aussterben. Dabei gab es im Weserbergland vor einigen Jahrhunderten einen großen Bestand dieser seltsamen Form der Rotbuche, die durch ihre Drehungen und Schlaufen so ungewöhnlich aussieht und deshalb auch schlecht zu handhaben ist. Die wild wachsenden Äste waren noch nicht einmal vernünftig stapelbar. Da musste der Teufel im Spiel sein. »Deuwelholts« wurden die »Süntelbeuken« deshalb auf Platt genannt: Teufelsholz, zuweilen auch Hexenholz. Bis zum Ende des 19. Jahrhunderts war der Baum nahezu »ausgerottet«. Aber es gab auch Menschen, die ihn gerade wegen seiner Eigenart mochten. So wurde er zu einem originellen Geschenk in Adelskreisen. Die Familie von Münchhausen pflanzte über Jahre allen Töchtern zur Hochzeit eine Süntelbuche neben das neue Heim. Der ungewöhnliche Name kommt übrigens vom Höhenzug Süntel, einem nahe gelegenen Mittelgebirgsstock.

Bad Nenndorf hat die Süntelbuchenallee dem Gartenbaumeister Carl Thon zu verdanken, der sie am Rande des Kurparks pflanzte. So entstand die verwunschene Allee.

Adresse Kurpromenade, 31542 Bad Nenndorf | **Anfahrt** über die B 442 Richtung Ortsmitte, links in die Hauptstraße abbiegen, nach 1,5 Kilometern links in die Bahnhofstraße, wieder links in die Kurhausstraße, die zum Kurpark führt, die Süntelbuchenallee ist innerhalb der Parkanlage ausgeschildert | **Öffnungszeiten** ganzjährig, die Kur- und Tourismusgesellschaft bietet Parkführungen an | **Tipp** Auch in anderen Orten des Weserberglandes gibt es noch Süntelbuchen. So zum Beispiel in Bad Münder ein 150 Jahre altes Exemplar gleich neben der Sparkasse in der Wermuthstraße, oder im Volkspark von Lauenau ein rund 200 Jahre altes Beispiel.

10__Das Winckler-Bad

Zeugnis ungleicher Geschichten

In den letzten Jahren haben das Winckler-Bad in Bad Nenndorf und seine Geschichte während der Nachkriegsjahre immer wieder für Aufsehen gesorgt. Von 1945 bis 1947 hatte die britische Besatzungsmacht hier ein geheimes und streng abgeschirmtes Verhörzentrum und Gefängnis eingerichtet. 372 Männer und 44 Frauen wurden dort damals insgesamt verhört und inhaftiert. Darunter hohe Parteifunktionäre der NSDAP und Offiziere des deutschen Heeres, aber auch eine ganze Reihe von Menschen, die geringerer Delikte beschuldigt wurden. Während dieser Zeit soll es sogar zu zweifelhaften Verhörmethoden und Folterungen gekommen sein. Schon Ende der 40er Jahre wurde über diesen Skandal auch in deutschen Zeitschriften berichtet.

Die rechte Szene veranstaltet seit 2006 jedes Jahr im August Trauermärsche, um an die Opfer des »Alliierten Folterlagers« zu erinnern. Die Bürger von Bad Nenndorf schauen dem nicht tatenlos zu, sondern organisierten ihrerseits Gegendemonstrationen. Sie wollen nicht, dass sich Bad Nenndorf zu einem braunen Wallfahrtsort entwickelt. Aber auch Historiker beschäftigt das einstige Lager. Es ist zweifelhaft, Verbrechen gegen Verbrechen auf die Waage legen zu wollen. Bei den Vergehen der britischen Besatzer handelte es sich um die Taten Einzelner. Und nachdem diese bekannt geworden waren, hatten die Verantwortlichen sich vor dem Gericht eines demokratischen Staates zu verantworten. Da liegt der wesentliche Unterschied zur finsteren Zeit des Nationalsozialismus.

Die bauhausähnliche Architektur des Winckler-Bades entstand 1930. Seinen Namen erhielt es von dem Balneologen und Dirigierenden Brunnenarzt Axel Winckler, der darüber hinaus für Erweiterungen des Kurparks und Verbesserungen der Anwendungen zuständig war.

Der zum Teil denkmalgeschützte Gebäudekomplex wird heute zu einem Gesundheitszentrum umgebaut.

Adresse Bahnhofstraße 14, 31542 Bad Nenndorf | **Anfahrt** über die B 442 Richtung Orts-
mitte, links in die Hauptstraße abbiegen, dieser weiter folgen, nach 1,5 Kilometern geht es
links in die Bahnhofstraße ab | **Tipp** Im Café im Schlösschen, das im Kurpark liegt, besteht
von Mittwoch bis Donnerstag zwischen 12 und 18 Uhr die Möglichkeit einzukehren.

11 Das Ronald McDonald Haus

Ein buntes Gebäude für einen guten Zweck

Es steht ganz in der Nähe des Kurparks, in einer schönen Grünanlage. Viele Winkel und Ecken, viel Glas, gelbe, rote und weiße Fassaden: Frank Gehry hat das Gebäude in der ihm eigenen Formensprache entworfen. Der Grundriss bildet den Buchstaben Y nach. Und dieses Y steht für »Yes« und soll »Ja« zum Leben sagen.

Die Geschichte der Ronald McDonald Häuser beginnt in Philadelphia. Dort erkrankt 1974 die kleine Tochter des Football-Spielers Fred Hill an Leukämie. Er und seine Frau merken schnell, wie schwer es ist, während der Behandlung immer nahe bei ihrem Kind zu sein. Sie schlafen in den Fluren des Krankenhauses und sehen, dass es vielen Eltern ebenso ergeht. Viele kommen von weit her und haben nicht genügend Geld, um ein Hotelzimmer zu bezahlen und so ständig in der Nähe ihres Kindes zu sein. Fred Hill aktiviert sein Team zum Sammeln von Spenden. Der Manager des Eagles-Teams, Jim Murray, nimmt Kontakt zu Dr. Audrey Evans auf, dem Chefarzt der Pädiatrischen Onkologie. Dieser träumt schon lange von einer Residenz für Eltern, deren Kinder gegen Krebs behandelt werden. Mit der finanziellen Hilfe von McDonald's entstehen nun Unterkünfte für Eltern und Kinder auf der ganzen Welt. Mittlerweile gibt es 366 Stück in 42 Ländern und Regionen. Allein in Deutschland sind es heute 22.

Zwölf Apartments, alle um die 30 Quadratmeter groß, gibt es hier in Bad Oeynhausen insgesamt. Alle haben ein eigenes Bad, einen Balkon oder eine Terrasse. 15 Euro betragen die Kosten pro Tag, und diese übernimmt in der Regel die Krankenkasse. Die Küche ist das Herz des Hauses. Dort treffen sich die Bewohner vor allem. Dann können sie miteinander reden und ihre Erlebnisse des Tages austauschen. Das Teilen des Leides macht es oft leichter. Und Studien belegen, dass Kinder schneller gesund werden, wenn die Familie in ihrer Nähe ist. Eine bessere Betreuung gibt es nun einmal nicht.

Adresse Westkorso 19, 32545 Bad Oeynhausen, Tel. 05731/842270 | **Anfahrt** von der A 2 kommend Abfahrt Bad Oeynhausen, in Richtung Zentrum, das Haus liegt nicht weit vom Jordansprudel am Kurpark | **Tipp** In der Mindener Straße 44 steht das ebenfalls von Frank Gehry erbaute Energie-Forum!

HG

12 Der Schweinebrunnen

Entdecker des Salzes

Ein paar Schweine waren vermutlich der größte Segen für die Stadt Bad Oeynhausen. Denn ihnen ist es angeblich zu verdanken, dass ein Bauer auf die erste Solequelle im Ort stieß. Deswegen wurde den Tieren in der Klosterstraße, Ecke Paul-Baehr-Straße ein bronzenes Denkmal gesetzt. Die Geschichte, die sich im 18. Jahrhundert zugetragen haben soll, besagt, dass die Schweine des Colon Sültemeyer sich ausgiebig im Schlamm suhlten und plötzlich silbern funkelten. Dem Bauer kam das komisch vor, und er probierte die glänzenden Kristalle, die er aus den Borsten der Schweine herausklauben konnte. Sie schmeckten salzig – und so kam es, dass schon bald darauf auf Befehl König Friedrichs II. mit dem Bau der »Königlichen Saline Neusalzwerk« begonnen wurde.

Ab 1753 wurde hier Salz gewonnen. Damit begann auch die Entwicklung der Stadt: Bei späteren Bohrungen wurde eine Thermalsolquelle entdeckt, und die ersten Thermalbäder folgten. König Friedrich Wilhelm IV. gab dem Ort den Namen »Königliches Bad Oeynhausen«. Der Kurpark wurde nach Plänen von Peter Joseph Lenné angelegt: mit Sitzgelegenheiten und Springbrunnen, herrschaftlichen Gebäuden, Blumenbeeten und inzwischen altem Baumbestand mitten in der Stadt. Bald entstanden auch neue Wohngegenden und Villen, Hotels wurden gebaut, und der Kurort entwickelte sich. 1926 wurde der Jordansprudel erbohrt, der heute die größte kohlensäurehaltige Thermalsolquelle der Welt und das Wahrzeichen der Stadt ist. Und das alles haben die Bad Oeynhausener den Schweinen zu verdanken.

Auf dem Sültemeyer-Brunnen – oder Schweine-Brunnen – sind fünf Schweine und ein Bauer zu sehen. Zwischen ihnen sprudelt von Frühjahr bis Herbst an mehreren Stellen Wasser und ergießt sich über die niedrige Plattform. Das Denkmal stammt von Ernemann Sander. Der Künstler hat einige weitere Tierskulpturen im öffentlichen Raum geschaffen.

Adresse Klosterstraße / Ecke Paul-Baehr-Straße, 32545 Bad Oeynhausen | **Anfahrt** von der A 30 Richtung Zentrum, der Vlothoer Straße folgen, bis sie zur Mindener wird, links abbiegen in die Steinstraße und rechts in die Portastraße, am Ende beginnt die Fußgängerzone, der Straße folgen in die Paul-Baehr-Straße | **Tipp** Am Großen Weserbogen im Mündungsbereich der Werre in die Weser steht ein Denkmal, das auf die Bedeutung der Flößerei hinweist. So wäre der Bau der Gradierwerke in Bad Oeynhausen ohne Flößer, die Lasten über die Weser transportierten, nicht denkbar gewesen.

13__ Die besondere Sichtachse

Wo einst königliche Hoheiten und Fürsten wandelten

Kurorte haben eine ganz gewisse Atmosphäre. Gleich bekommt man das Gefühl, dass alles etwas leiser, langsamer und entrückter vor sich geht. Bad Pyrmont war einst einer der traditionsreichsten und bekanntesten Kurorte überhaupt. Zumindest in weiten Teilen ist es dem Ort gelungen, den Glanz alter Zeiten zu bewahren. Im Juni 1681, so ist es nachzulesen, sollen insgesamt gleich 34 Fürsten- und Königshäupter hier zu Gast gewesen sein. Die gibt es ja in dieser Fülle heute nicht mehr. Aber immer noch wandelt man in Bad Pyrmont zur Trinkkur und schlendert anschließend die schöne Hauptallee entlang.

Im »Hylligen Born« sprudelt das heilende Wasser. Etwa vier bis fünf Liter einer Magnesium-Hydrocarbonat-Sulfat-Lösung steigen pro Minute auf, die mit bedachten Schlückchen getrunken werden sollte und der Durchspülung der harnabführenden Wege dient. Überdacht wird die Quelle vom zwölfsäuligen Brunnentempel. Dahinter liegt die Wandelhalle, das Kurhaus Bad Pyrmonts, in dem heute ein Café und diverse Läden untergebracht sind. Außerdem steht hier ein Automat, in dem man für 20 Cent kleine Becher kaufen kann, aus denen man das heilende Wasser trinkt. Das Abfüllen von mitgebrachten Flaschen ist nicht erlaubt.

Vom Brunnenplatz aus tut sich eine attraktive Sichtachse auf. Links und rechts stehen hohe Linden. Im Hotel Steigenberger sollte man sich einmal durch die Eingangshalle mogeln, auch wenn man hier nicht zu Gast ist. Gleich rechts neben der Rezeption führt eine Treppe nach oben, auf deren erstem Absatz wunderschöne bunte Mosaikfenster zu bewundern sind. Wieder draußen auf der Allee liegt rechts der Kurpark. Vor uns sprudelt die große Fontäne. Das alte Hotel Kaiserhof ist leider in einen Dornröschenschlaf gefallen. Es wäre traumhaft, käme ein Prinz und würde es wieder wachküssen. An der Allee liegen Glanz der alten Zeiten und Vergänglichkeit nah beieinander.

Adresse Hauptallee, 31812 Bad Pyrmont | **Anfahrt** von der B 1 auf die L 426 in Richtung Bad Pyrmont-Zentrum, der Straße immer folgen und Richtung Steigenberger orientieren, auf der Höhe beginnt die Allee | **Tipp** Ein interessanter Laden für Tierliebhaber befindet sich in der Heiligenangerstraße 28–30. Dort gibt es exklusive Artikel für Hund, Katze und Herrchen oder Frauchen.

14 Die Drakevase

Oh Augenblick, verweile doch ...

Ein alter Mann, der sitzend, auf seinen Stock gestützt, milde einem Mädchen zulächelt. Frauen, manche mit entblößten Brüsten, umringt von vielen Kindern, schmückende Blattornamente – auf der zwei Meter hohen Vase von Friedrich Drake stellen Reliefs in Allegorien die vier Lebensalter des Menschen dar. Einst war diese Vase auf vielen Postkarten Bad Pyrmonts zu sehen. Und sie passt ja auch gut in solch einen Kurort, in dem das Vergehen der Zeit eine nicht eben unerhebliche Rolle spielt. Einige Figuren sehen den Statuen des Sockelreliefs unter dem Denkmal für Friedrich Wilhelm III. im Berliner Tiergarten ziemlich ähnlich. Drake schuf die mächtige Vase, die in einem kleinen Park in der Mitte des Altenauplatzes steht, und machte sie seiner Heimatstadt zum Geschenk. Das war im Jahr 1858, da war der Bildhauer in Berlin schon ein gefeierter Mann.

Friedrich Drake wurde 1805 in Bad Pyrmont als Sohn eines Mechanikers geboren. Nach seiner Lehre in Minden arbeitete er als Drechsler. Zu seinem eigenen Zeitvertreib begann er Figuren aus Ton zu schaffen, auf die ein Verwandter des damals berühmten Bildhauers Christian Daniel Rauch aufmerksam wurde. So kam es, dass er für eine Ausbildung in Rauchs Atelier ausgewählt wurde.

1837 wurde Drake in Berlin in die Akademie der Künste aufgenommen und gründete seine eigene Bildhauer-Werkstatt. Er schuf zahlreiche Denkmäler und Skulpturen berühmter Persönlichkeiten. Dank seiner handwerklichen Ausbildung hatte er die Idee, ein Gestell zu entwickeln, das es den für ihn Modell Stehenden leichter machte, ihre Position zu halten.

Drakes berühmtestes Werk wurde die Siegesgöttin Viktoria, von den Berlinern flapsig »Goldelse« getauft. Sie fanden die Figur erst auch viel zu groß. Heute gilt sie als ein Wahrzeichen der Stadt. Auch die Vase in Bad Pyrmont hätte etwas mehr Aufmerksamkeit verdient.

Adresse Altenauplatz, 31812 Bad Pyrmont | **Anfahrt** von der B 1 kommend in Richtung Zentrum, der Altenauplatz liegt an der Kirchstraße, die parallel zur Kurallee (Brunnen-platz) verläuft | **Tipp** Werfen Sie auch einen Blick auf das schöne alte Jugendstil-Hotel »Kaiserhof« gleich gegenüber. Leider steht es seit einigen Jahren leer. Besonders sind die kleinen Balkone und das rund gewölbte Dach.

15 Die Dunsthöhle

Wo schwere Gase gesund machen

Auch der immer am Neuen interessierte Johann Wolfgang Goethe war einst hier zu Besuch. Er füllte das ausströmende Kohlendioxid kurzerhand in Flaschen ab und nahm es gleich mit nach Weimar. Dort führte er einer interessierten Gesellschaft kleine Experimente damit vor. Die Dunsthöhle, wie sie von Dr. Johann Philipp Seip getauft wurde, liegt circa 500 Meter vom Zentrum Pyrmonts entfernt in einer kleinen Grünanlage. Sie wurde vor einigen Jahren neu angelegt. Um den Pavillon herum gruppieren sich Sitzbänke wie in einer kleinen Arena. Dass es sich um einen außergewöhnlichen Ort handelt, beobachteten bereits vor mehr als 300 Jahren mehrere Arbeiter, die hier im einstigen Steinbruch beschäftigt waren. Immer wieder fielen einige von ihnen in Ohnmacht, oder es lagen am Morgen tote Vögel und anderes kleines Getier tot auf der Erde.

Der Brunnenarzt Seip machte sich im Jahr 1712 auf die Suche nach den Ursachen dieses Phänomens. Zuerst vermutete er, es mit Schwefeldunst zu tun zu haben, denn Kohlendioxid war zu diesem Zeitpunkt noch nicht entdeckt. Seip ließ in der Höhle eine Tafel anbringen, die auch verrät, dass er sicher ein viel besserer Brunnenarzt als Dichter war. Er empfahl ein trockenes Schweißbad, das gegen Gichtschmerzen und steife Glieder helfen sollte. Heute weiß man mehr darüber, für welche Zwecke sich das ausströmende Quellgas nutzen lässt. Die Therapien werden allerdings nicht hier, sondern im Königin-Luise-Bad verabreicht und nennen sich Quellgas-Bad. Sie sollen unter anderem bei peripheren Durchblutungsstörungen oder gegen Asthma und Ekzeme helfen.

Bei einem Besuch in der Dunsthöhle werden auch heute noch die kleinen Experimente vorgeführt, mit denen der berühmte Geheimrat aus Weimar seine Zuschauer begeisterte. Da tanzen dann zum Beispiel phosphoreszierende Seifenblasen auf dem schweren Gas. Aber mehr wird nicht verraten!

Adresse An der Dunsthöhle, 31812 Bad Pyrmont, Tel. 05281/151588 oder 05283/8487 | **Anfahrt** von der B 1 über die L 426 in Richtung Bad Pyrmont, dem Schild in Richtung Hufeland-Therme folgen, von der Bismarckstraße aus links in die Kurfürstenstraße abbiegen, die Dunsthöhle liegt rechts | **Öffnungszeiten** April–Okt. Di–Fr 15–17.30 Uhr, Sa, So und an Feiertagen 12–17.30 Uhr, Nov.–März auf Anfrage | **Tipp** In Roberts Café in der Wandelhalle die Moortorte probieren!

16__Der stille Lesesaal

Besondere Atmosphäre

Wo gibt es heute noch Lesesäle, und wo ist diese besondere Atmosphäre zu spüren? Es gibt große Lesehallen in Universitätsbibliotheken oder kleine Räume in den öffentlichen Büchereien. Aber einen Lesesaal mit gemütlichen Sitzecken, Sesseln, Tischen und Stühlen und absoluter Ruhe findet man äußerst selten. So zum Beispiel am Kurpark in Bad Pyrmont. An einem Sonntagnachmittag befindet sich dort im Lesesaal nur ein einzelner Herr in seine Lektüre versunken. Er blickt nicht auf, selbst wenn andere Besucher, Fotografen oder Neugierige den Raum betreten. Diese Ruhe ergreift einen sogleich, und am liebsten möchte man sich dort niederlassen und einfach nur lesen, vergessen und auch so ruhig werden.

Es ist ein stilles Gesetz: Im Lesesaal darf nicht gesprochen werden, um die anderen nicht zu stören. Diese Ruhe und Rücksichtnahme legt sich über den Raum, der am Ende der Wandelhalle liegt. Der Zutritt ist nur mit Kurkarte gestattet – so steht es am Pförtnerhaus am Eingang. Doch das weiß gestrichene Häuschen steht leer, und lediglich Schilder weisen noch darauf hin. Und dass täglich von 9.30 bis 18 Uhr geöffnet ist.

Der Bad Pyrmonter Lesesaal ist weiß-beige gestrichen. Dezente Wandgemälde in grünlichen Erdtönen schmücken die Wände. Einige Bücherregale sind komplett leer. Dafür gibt es aber jede Menge Tageszeitungen, die wie in einem Kaffeehaus in einer Reihe herunterbaumeln.

60 Entwürfe wurden Ende 1922 für den Neubau der Wandelhalle mit den angrenzenden Räumen vorgestellt. Auf Wunsch des Kurvereins und der Pyrmonter Bevölkerung sollte die neue Wandelhalle an der Stelle der alten errichtet werden, nur um einige Meter zurückgesetzt, um so einen freien Blick über den Brunnenplatz bis zum Kurpark zu bekommen. Im Jahr darauf wurde mit dem Bau begonnen, der Lesesaal folgte in den Jahren 1926 bis 1928. Er bildet den östlichen Abschluss der Arkaden des Kurparks.

Adresse Brunnenplatz, Wandelhalle, 31812 Bad Pyrmont | **Anfahrt** über die B 1 auf die
L 426 in Richtung Bad Pyrmont-Zentrum, der Straße und am besten der Ausschilderung
zum Steigenberger folgen, auf dessen Höhe beginnt die Allee | **Öffnungszeiten** täglich
9.30 – 18 Uhr | **Tipp** Der letzte Film von und mit Heinz Erhardt »Willi wird das Kind
schon schaukeln« wurde in Bad Pyrmont gedreht. Er war häufiger zu Gast hier, in der
»Spelunke« gibt es Erinnerungen an ihn. 2016/2017 zeigte die Stadt ihm zu Ehren eine
Ausstellung: »Heinz Erhardt. Privater!«.

Liebe Gäste,

wir möchten Sie höflichst bitten,

17__Das blaue Wunder

Auch Bevern hat eins

Seine Farbgebung und die Widersprüchlichkeit machen Schloss Bevern einzigartig. Keins der anderen Weserrenaissance-Schlösser ist so klar und hell in den Farben Blau und Weiß gestaltet. Und kein anderes zeigt so einen krassen Gegensatz zwischen der Außenfassade und dem Innenhof, der wesentlich dezenter gehalten ist.

Errichtet wurde es in nur neun Jahren (1602–1612). Bauherr war Statius von Münchhausen, ein äußerst erfolgreicher adliger Unternehmer dieser Zeit. Schmuckstück ist die Westfassade, die schon damals als Schaufassade die Besucher beeindrucken sollte. Erst bei genauerem Hinsehen fällt hier eine Asymmetrie auf, die ein bedeutendes Charakteristikum des Schlosses ist. So variieren die Abstände zwischen dem Eingangsportal und den Gebäudeteilen, aber auch die Anordnung der Fenster ist unterschiedlich.

Schloss Bevern gehört zu den bedeutendsten Baudenkmälern des Weserberglandes, zugleich aber auch zu den interessantesten: Hier gingen Adlige ein und aus, es entstanden Wohnungen, und eine kleine Knopffabrik zog ein, dann brachte man schwer erziehbare Kinder, Männer oder Frauen im Schloss unter, um sie durch harte Arbeit zu bessern und auf einen gottesfürchtigen Weg zu führen. Später wurden Schulräume, Wohnzimmer und Werkstätten für elternlose Kinder und Jugendliche eingerichtet, schließlich ein Kinderheim (das Wilhelmstift) mit eigenem Krankenhaus. Aus dieser Zeit stammt der Spruch »Bist du nicht artig, kommst du nach Bevern«, der noch heute eine geläufige Phrase in der Region ist. Im Krieg diente das Schloss als Sportschule und Kaserne, danach als Übergangs- und Flüchtlingslager, als Wohnraum, Vereinsheim und Schule.

Erst in den 1990er Jahren wurde das Schloss wieder hergerichtet und zu einem Kulturzentrum mit regelmäßigen Ausstellungen und Veranstaltungen ausgebaut. Mit der Wiederherstellung der farbigen Fassade erlebt der Besucher hier nun ein blaues Wunder.

Adresse Schloss 1, 37639 Bevern, Tel. 05531/994010 | **Anfahrt** über die B 83, B 64 und L 584 (die zur Holzmindener Straße wird) nach Bevern, rechts in die Breslauer Straße abbiegen, und gleich rechts liegt das Schloss mit Parkplatz | **Öffnungszeiten** Veranstaltungen unter http://schloss-bevern.de | **Tipp** In der Breslauer Straße 69 befindet sich das kleine Familienunternehmen Riedel's Ketchup Manufaktur, in der seit drei Jahrzehnten Ketchup entwickelt wird!

18 Der Burgberg

Eine preußische Telegrafenstation

Der Burgberg ist ein Höhenzug, zu dem verschiedene Berge und Erhebungen gehören: der Burgberg, der Große und Kleine Everstein, die Hirschzunge und der Friedberg. Da der Burgberg mit rund 360 Metern der höchste ist, wurde dort im Jahr 1833 eine der königlich-preußischen optischen Telegrafenstationen errichtet. Hier entstand ein 14 Meter hoher Turm mit einem Wohnhaus für zwei Familien und dem Wachzimmer im oberen Bereich. Es war die 28. von insgesamt 62 Telegrafenstationen, die sich auf einer Strecke von rund 700 Kilometern zwischen Berlin und Koblenz durch die Landschaft zogen. Die Stationen wurden jeweils in einem Abstand von sechs bis 14 Kilometern errichtet (auf dem Hungerberg wird an Station 30 erinnert). Lange bewährten sich die Stationen nicht: 1850 wurde die Linie aufgegeben, und ein Förster zog in die Wohnung, bis sie schließlich zum Ausflugslokal mit Bier- und Kaffeeausschank wurde. Seit 1964 ist aber auch damit Schluss, und inzwischen erinnert nur noch eine Informationstafel an die alte Zeit. Im Heimatmuseum wird in einer ständigen Ausstellung alles über die ehemalige Telegrafenstation erklärt.

Auf der Nordseite des Burgbergs gibt es ein Feld, das heute eine natürliche Sensation ist. Hier hat sich der Frauenschuh, eine wild wachsende Orchideenart, ausgebreitet. Im Mai und Juni ist es am allerschönsten. Dann leuchtet die Wiese der »Frauenschuhfläche« in sattem Gelb. Eigentlich ist die Wiese nur ein Überbleibsel der ehemaligen Weideflächen. Darauf konnte sich eine außergewöhnliche Pflanzenwelt entwickeln.

Auch außerhalb der Blütezeit lohnen sich Spaziergänge und Wanderungen entlang der Buchenwälder, Weiden mit Schafen und Rindern, vorbei am Muschelkalksteinbruch und an steilen Hängen. Der Burgberg bietet seltene Pflanzen, herrliche Ausblicke und eine interessante Vergangenheit. Wer mehr erfahren möchte, kann an einer geführten Wanderung teilnehmen.

Adresse Südhang (Telegrafenstation), Burgbergweg, 37639 Bevern; Nordhang (Orchideen-feld), 37640 Golmbach | **Anfahrt** über die B 83, B 64 und L 584 (die zur Holzmindener Straße wird) nach Bevern, rechts in die Breslauer Straße abbiegen und dieser folgen, bis links der Burgbergweg abgeht, von hier zu Fuß weiter – nach Golmbach weiter dem Straßen-verlauf der Breslauer Straße folgen, dann links auf die B 64 bis Negenborn und weiter nach Golmbach | **Öffnungszeiten** Führungen unter www.samtgemeinde-bevern.de anfragen | **Tipp** Im Heimatmuseum im Schloss Bevern kann man mehr zum Thema »optische Tele-grafenstation« erfahren! In Hameln gibt es im März eine Sensation: Auf dem Schweineberg blühen dann unzählige Märzenbecher.

19___Die Landarztpraxis

Wo eine außergewöhnliche Ärztin wirkte

Es ist ein beispielhafter Ort in zweifacher Hinsicht: Erstens hat die Ärztin Paula Tobias hier Besonderes geleistet, und zweitens ist es einer der »frauenORTE Niedersachsen«. Diese Initiative widmet sich den Spuren und Geschichten bedeutender Frauen, im Weserbergland gehören dazu zum Beispiel die Leiterin der Landfrauenschule in Obernkirchen Agnes von Dincklage, die unkonventionelle Regentin Fürstin Juliane in Bückeburg, Regierungspräsidentin Theanolte Bähnisch, eine Vorkämpferin der Frauenbewegung nach 1945, oder Herzogin Elisabeth in Hann. Münden. In Bevern lebte die Ärztin Paula Tobias.

Sie war die erste praktizierende Ärztin im Braunschweiger Land, führte im Ersten Weltkrieg ein Lazarett für Verwundete in Kreiensen und bildete Pflegerinnen aus. In Kreiensen hatte sie zuvor direkt nach ihrem Medizinstudium 1912 mit ihrem Mann eine Gemeinschaftspraxis eröffnet. In Delligsen gründete sie 1917 die erste Mütterberatungsstelle im damaligen Braunschweiger Land. 1928 zog sie mit ihrem Mann und Sohn nach Bevern, wo das Ehepaar eine Arztpraxis übernahm. Landärztin bedeutete damals, bei Tag und Nacht im Einsatz zu sein – bei Kälte, Nässe oder Hitze. Gleichzeitig musste sie sich zunächst gegenüber den Vorbehalten der Landbevölkerung bewähren, die nur männliche Ärzte gewohnt waren. Noch schwerer aber war es, dem Druck der Nationalsozialisten und den antisemitischen Diskriminierungen aufgrund ihrer jüdischen Herkunft standzuhalten. Diesem Druck setzte sie sich zwei Jahre in mutigen Briefen zur Wehr. Ab dem 1. April 1933 stand die Praxis in der Gründerzeitvilla unter Beobachtung der SA. Zwei Jahre später musste Paula Tobias mit ihrer Familie emigrieren.

Was sich hier in der Zeit von Paula Tobias abspielte, welche Wege und Schleichwege sie nehmen musste, kann man heute detailliert in Führungen nachvollziehen. Die Arztpraxis gibt es immer noch, sie wird auch weiterhin als solche genutzt.

Adresse Holzmindener Straße 17, 37639 Bevern, www.frauenorte-niedersachsen.de | **Anfahrt** über die B 83, B 64 und L 584, die zur Holzmindener Straße wird, nach Bevern | **Öffnungszeiten** keine Besichtigung, da Arztpraxis, Führungen zu Paula Tobias ab Schloss Bevern unter Tel. 05531/1216436 | **Tipp** Über die App »Actionbound« können die Wege der Paula Tobias auch individuell mit Hilfe eines Smartphones erkundet werden. Die App führt von Ort zu Ort und erkennt die jeweiligen Stationen und gibt passende Infos dazu.

20__Marions Dreiländerblick

Treffen sich drei Bundesländer zur Currywurst

Restaurants für einen schnellen Imbiss müssen ja nicht romantisch sein. In Marions Dreiländerblick kommt die Currywurst mit hausgemachtem Ketchup auf den Tisch, aber der kostet extra. Pommes Rot-Weiß und das Zigeunerschnitzel dürfen selbstverständlich auch nicht fehlen. Die Bedienung ist freundlich, und die Einrichtung eher rustikal.

Holzstühle mit bunten Kissen darauf stehen um schlichte Tische herum. Im Sommer hängen vor dem Gebäude Blumenampeln, aus denen üppig die Begonien sprießen. Wer seine Urlaubspostkarten noch loswerden möchte, kann das hier auch tun. Links vor dem Eingang ist ein Briefkasten angebracht.

Neben dem schnellen Restaurant liegt eine große Terrasse. Auch hier überwiegt der Sinn fürs Praktische. Bei gutem Wetter kann man draußen an der frischen Luft seinen Imbiss verzehren. Dann schweift der Blick ins Weite. Von diesem Punkt aus nämlich kann man die Aussicht auf gleich drei Bundesländer genießen. Solche Punkte gibt es in Deutschland 15-mal. Wir befinden uns gerade in Nordrhein-Westfalen. Einen guten Kilometer Luftlinie geradeaus liegt Niedersachsen. Das kleine Lauenförde, das von hier zu sehen ist und direkt an der Weser liegt, gehört schon dazu. Und ein Stück weiter nach rechts liegt Bad Karlshafen, und das zählt bekanntlich bereits zum Bundesland Hessen.

Das historische Dreiländereck befindet sich etwa drei Kilometer in nordöstlicher Richtung, nicht weit vom Hugenottenturm entfernt. Man entdeckt es auf einer kleinen Wanderung, die in Bad Karlshafen beginnt. Ungefähr dort, wo die Weserstraße auf die Bremer Straße stößt, liegt gegenüber ein Wanderweg, der sich am Hugenottenturm vorbei hinaufschlängelt. Ein hübsch bemaltes Holzschild bezeichnet die Stelle. Darauf sind die Wappen der drei Bundesländer zu sehen. Nicht weit vom Skywalk entfernt steht ein großer Stein im Gras und bezeichnet den Dreiländerblick.

Adresse Am Rotsberg, 37688 Beverungen | **Anfahrt** direkt an der B 83 gelegen, von Bad Karlshafen aus circa 3 Kilometer in Richtung Beverungen, kurz hinter Herstelle auf der rechten Seite, der Grenzstein liegt von Bad Karlshafen kommend kurz vor dem Parkplatz zum Weser-Skywalk links | **Öffnungszeiten** Di–Fr 10–19 Uhr, Sa und So 11–19 Uhr | **Tipp** In Lauenförde befindet sich in der 1905 errichteten Villa Löwenherz in der Würgasser Straße 5 ein weiteres Motorradfahrerhotel (Tel. 05273/7567, www.villa-loewenherz.de).

21 Der Hutewald

Von kulturschaffenden Kühen und Schafen

Zwischen mächtigen alten Bäumen breiten sich saftige grüne Wiesen aus. Darauf stehen, wie auf einem Gemälde, braune Auerochsen. Sie gelten als Stammväter der Hausrinder. Außerdem gibt es im Solling Exmoorponys. Sie eignen sich gut zur Hutehaltung, weil sie ohne menschliche Hilfe fohlen können. Im Winter legen sie sich eine dicke Fettschicht zu, sodass es kein Problem ist, sie das ganze Jahr über draußen zu lassen.

Das Weserbergland war einst eine dicht bewaldete Region. Vor gut 400 Jahren war die Fläche des Sollings bis zur Hälfte von Wald bedeckt, heute liegt der Bestand bei lediglich zehn Prozent. Als die Bevölkerung im Mittelalter rasch zunahm, mangelte es an Weideflächen für die Tiere. Deshalb ließ man sie im Wald weiden. So sparte man sich gleichzeitig die mühsame Rodung. Schafe und Kühe fraßen hier neben Gräsern auch junge Pflanzen und Keimlinge ab. So lichteten sich die Flächen zwischen den großen Buchen und Eichen, denen ein wenig Geknabbere nichts anhaben konnte. Es entstanden weite Grasflächen und teils beinahe parkähnliche Wälder. Die großen Bäume hatten Platz, um ihre Äste und Kronen weit auszubreiten. Im Sommer spendeten sie den Weidetieren Schatten.

Heute stehen diese Gebiete meist unter Naturschutz. Man bezeichnet die Hutewälder inzwischen auch nicht als Natur-, sondern als Kulturlandschaften. Schließlich entstanden sie nicht ohne Zutun des Menschen.

Das Wort Hute leitet sich von hüten ab. Niederdeutsch sagte man Hudewald, was dasselbe meinte. In Spanien nennt man diese Art von Nutzflächen »Dehesas«. Dort wachsen dann meist Steineichen, von deren Eicheln sich die Iberischen Schweine ernähren. Später sorgen ebendiese für den köstlichen spanischen Schinken Jamón Ibérico. Im Naturpark Solling-Vogler kann man auf einer Wanderung den dortigen Hutewald, der als Highlight des Parks gilt, entdecken.

Adresse Schinkeltriftstraße, 37194 Bodenfelde | **Anfahrt** über die B 241, bei Amelith auf die L 551 in Richtung Nienover abbiegen, dort befinden sich an der Schinkeltriftstraße Parkmöglichkeiten, ein weiterer Parkplatz liegt nahe der Ruine Winnefelder Kirche, es gibt verschiedene Wanderwege | **Tipp** Der Zugang zum Wildpark, in dem heimisches Wild zu bestaunen ist, liegt am Wildpark-Haus Neuhaus. Hier lädt außerdem das Café-Bistro »Rotwild« zum Einkehren ein (Wildpark 1, 37603 Holzminden, www.wildpark-neuhaus.de).

22 Der Fähranleger
Nur ein Beispiel

Wahmbeck ist ein winziges Dorf mit rund 700 Einwohnern und liegt direkt an der Weser. Zwei Straßen führen hierher, und beide enden am Fluss. Dort befindet sich der Anleger der Gierseilfähre: eine kleine Fähre, die Menschen und Autos auf die andere Seite der Weser nach Gewissensruh und weiter nach Bad Karlshafen bringt. Sie hängt an einem langen Drahtseil, das sich in zwei Seile teilt. Das eine Ende ist am Heck, das andere am Bug befestigt. Durch die Veränderung der Längen der Seilenden zueinander wird der Winkel der Fähre zum Strom beeinflusst. Früher führten Menschen diese Arbeit durch, heute wird sie von einem Motor erledigt. Ansonsten sind Gierseilfähren aber motorlos. Hier in Wahmbeck sind zwei Männer am Fähranleger tätig. Der eine kassiert, der andere macht das Fahrzeug startklar. Freundlich winken sie den Fahrgästen entgegen, wenn sie plötzlich und – möglicherweise unerwartet – an der Weser stehen.

Die Fähre ist klein, es passen gerade mal zwei bis vier Autos darauf. Eine gelb-rote Brüstung und eine Schranke verhindern, dass Autos oder Gäste über die Reling gehen. Ein braun gestrichenes Häuschen mit Wetterstation und Megafon steht in der Mitte.

Zur Fortbewegung wird ganz simpel die Strömung des Flusses genutzt. Diese Art der Fähre gibt es bereits seit dem 17. Jahrhundert, sie wurde von dem Niederländer Hendrick Heuck im Jahr 1657 erfunden.

Bis heute ist noch eine relativ hohe Dichte an Fähren auf der Elbe und Weser zu finden. Im Weserbergland haben beispielsweise Polle, Reinhardshagen, Grohnde oder Lippoldsberg Anlegestellen. Es lohnt sich auf jeden Fall, eine kurze Fahrt über die Weser zu machen. Zum Beispiel an einem herbstlichen Morgen, wenn sich der Nebel langsam über dem Fluss auflöst und noch vereinzelte Angler am Ufer sitzen. Oder bei Sonnenuntergang? Auf jeden Fall ist es ein entschleunigendes Erlebnis.

Adresse 37194 Bodenfelde-Wahmbeck | **Anfahrt** B 80 bis Wahmbeck, die Neue Straße (K 447) endet direkt an der Weser und der Gierseilfähre | **Öffnungszeiten** Betriebszeiten: März–Okt. Mo–Fr 7–18 Uhr, Sa 8–18 Uhr, So und Feiertage 9–19 Uhr, Mittagspause zwischen 12.45 und 13.30 Uhr | **Tipp** In Vernawahlshausen an dem kleinen Fluss Schwülme steht eine Besonderheit auf der Brücke: ein Fischfutterautomat, der vom Angelsportverein aufgestellt wurde. Für 20 Cent gibt es Fischfutter.

23 Die Plantage

Aronia an der Weser

Es sind eigentlich nur zwei Felder in der Nähe von Bodenfelde. In den Herbst- und Wintermonaten ist kaum zu erkennen, dass hier besondere Pflanzen wachsen und gedeihen. Es handelt sich um Aronia, die schwarze Apfelbeere, die eigentlich aus Nordamerika stammt. In Wahmbeck hat Carsten Ilsemann seine Plantagen direkt an der Weser angebaut. Es ist eine schöne Gegend, die auch außerhalb der Saison unbedingt zum Spaziergang einlädt. Früher grasten hier die Pferde seiner Großeltern, doch als es um die weitere Nutzung der Flächen ging, entschied sich der Rechtsanwalt, der inzwischen in einem Ort bei Wolfenbüttel lebt, für etwas Neues. Er holte Setzlinge aus Polen, wo die Frucht inzwischen auch angebaut wird, und begann mit der Aussaat. Die Aronia-Pflanze ist anspruchslos, hat aber gern Sonne, und die bekommt sie an den Weserwiesen. An der Reihenstruktur kann man die Felder erkennen, auf denen die Beeren an circa 1,50 Meter hohen Sträuchern wachsen. Am schönsten ist die Blütezeit Ende April bis Mai, aber auch die Erntezeit ab Ende August und im September. Dann sind die Früchte erbsen- bis heidelbeergroß und fast schwarz.

Carsten Ilsemann fährt unglaublich gern Trecker und mag die Landwirtschaft. Deshalb kümmert er sich selbst um die Pflege der Flächen, wozu mulchen und jäten genauso wie die Ernte gehört. Die Pflanzen gedeihen hier gut, selbst ohne chemische Mittel. Der süß-säuerlich-herbe Saft der Aronia-Beere ist gesund und schmeckt am besten kalt gepresst – als Wein oder im Dessert, Kuchen, Eiscreme, Salat, Quark, Marmelade und Likör. Auf dem landwirtschaftlichen Betrieb, den schon die Großeltern geführt haben, lebt jetzt sein Bruder. Hier findet die Weiterverarbeitung der Beere statt.

Die Plantage hat bereits die »Echt!«-Plakette der Solling-Vogler-Region bekommen. Damit werden regionale Produkte und Marken ausgezeichnet. Weser-Aronia ist eindeutig von hier!

Adresse Plantage: Am Hilkenberg, 37194 Bodenfelde-Wahmbeck, Hof Ilsemann: Lange Dorfstraße 4, www.weseraronia.de | **Anfahrt** B 241 nach Bodenfelde, von hier über die L 551 und dann K 447 (Neue Straße), bis rechts die Sohnreystraße abgeht, dieser folgen und dann wieder rechts in Am Hilkenberg abbiegen | **Tipp** Direkt oberhalb der Weser liegt unweit der Plantage die Ferienhausanlage Am Hilkenberg. Ein wunderbarer Platz und garantiert erholsam!

24_Die Ehrenplatten

Lustige Preisträger

Wer zum ersten Mal nach Bodenwerder kommt, stößt direkt auf den berühmtesten Einwohner des Ortes: Der einzigartige Geschichtenerzähler und Lügenbaron Münchhausen stammt von hier. Ihm zu Ehren sind in den letzten Jahren noch einige andere illustre und humorvolle Persönlichkeiten gekommen und vor dem Rathaus verewigt worden. Grund ist der Münchhausen-Preis, der seit 1997, dem 200. Todestag des einfallsreichen Barons, verliehen wird. Selbstredend sind die Preisträger besonders unterhaltsame Berühmtheiten. 20 Platten liegen bereits auf dem Platz. Darauf sind Namen wie Rudi Carrell, Dieter Hildebrandt oder Ephraim Kishon zu finden, ergänzt um den Jahrestag der Preisverleihung.

Entscheidend bei der Auswahl ist, dass sie phantastisch erzählen und unterhalten können, aber auch, dass sie humorvoll oder satirisch auf Missstände hinweisen oder diese unter die Lupe nehmen. »Unterhaltung als Herzensangelegenheit«, hat Thomas Greef über die Kandidaten gesagt. Er kümmert sich um den jährlichen Event, der zumeist im September stattfindet und von der Stiftung Sparkasse Bodenwerder ausgerichtet wird. Geburtshelfer des Preises waren zwei Herren aus dem Ort und der frühere Leiter der Pressedokumentation des Deutschen Bundestages in Bonn. Einfallsreich müssen die Preisträger sein, charakterstark und unterhaltsam. Diese Kriterien erfüllen zum Beispiel Dieter Nuhr oder Annette Frier. Sie sind »Nachfahren im Geiste« des brillanten Fabulierers Münchhausen. Selbstredend, dass die Preisverleihungen immer für lustige Momente sorgen. So zum Beispiel, als Norbert Blüm auf der Bühne einen Kopfstand vorführte oder Bill Ramsey seine Laudatio singend vortrug.

Der Bodenwerder Münchhausen-Darsteller Adolf Hahn ging bisher leer aus. Dafür führt er Besucher im Geiste des vermeintlichen »Lügenbarons« durch den Ort und erzählt seine Geschichten, von denen die bekannteste der Flug auf der Kanonenkugel ist.

Adresse Münchhausenplatz 1, 37619 Bodenwerder | **Anfahrt** der B 83 bis Bodenwerder folgen, in die Brückenstraße abbiegen, der Münchhausenplatz liegt nach einigen Metern links | **Tipp** Am Hakel in Beverungen finden regelmäßig Open-Air-Konzerte direkt an der Weser statt. Dort waren schon einige bekannte Stars wie Amy Macdonald, Cro oder Scooter zu sehen.

25___Das geteilte Denkmal
Die Geschichte vom verlorenen Hinterteil

An Baron Münchhausen kommt in dieser Region ja bekanntlich niemand vorbei. Und in Bodenwerder, das direkt an der Weser gelegen ist, schon gleich gar nicht. Hier erblickte der berühmte Mann nämlich 1720 als Freiherr von Münchhausen das Licht der Welt. Es heißt, sein Talent zum Fabulieren stamme aus seiner Zeit in Riga, wo er im Militär diente. Nach seiner Rückkehr aus der weiten Welt ins so beschauliche Bodenwerder machte er auf jeden Fall bald durch seine Geschichten und Anekdoten auf sich aufmerksam. Wie viel davon gelogen war, ist nicht ganz klar. Sicher ist, dass ihm der Titel »Lügenbaron« überhaupt nicht behagte. Weil die Geschichten aber so gut ankamen, gab es viele, die sie weitersponnen, sich Neues dazu ausdachten und damit ihr Geld verdienten.

Auf einer der bekanntesten Geschichten beruht jenes Denkmal, das hier beschrieben wird. Das heißt, eigentlich handelt es sich dabei um zwei Denkmäler. Oder noch besser: um zwei Hälften eines Denkmals. Die Geschichte dazu geht so: Nach einer gewonnenen Schlacht führt der Held sein Pferd zum Brunnen in der nächsten Stadt. Als das Stadttor zu schnell wieder herunterfällt, wird das Tier, vom Reiter unbemerkt, in zwei Hälften geteilt. Das Hinterteil bleibt auf einer Wiese, und das Vorderteil trinkt unmäßig Wasser, das gleich hinten wieder hinausläuft …

Und beinahe so ist es hier in Bodenwerder auch. Das hintere Teil des Pferdes steht auf einer Wiese nicht weit vom Weserufer. Das Vorderteil aber trinkt am Brunnen gleich vor dem Münchhausen-Museum.

In der Stadt ist alles auf den berühmten Baron eingestellt. Neben den zwei hier Erwähnten gibt es ein weiteres Denkmal und einige Gedenktafeln. Das Rathaus des Ortes ist im ehemaligen Wohnhaus der Familie Münchhausen untergebracht. Während der Sommermonate werden ein Musical und ein Schauspiel aufgeführt, und einen Münchhausenpreis gibt es auch.

Adresse eine Hälfte steht nahe der Weserbrücke, nicht weit entfernt vom Hotel und Restaurant »Goldener Anker«, die andere, vordere Hälfte ein Stück hinter dem Münchhausen-Museum, 37619 Bodenwerder | **Anfahrt** von der B 83 im Ort links in die Brückenstraße und gleich wieder links in die Straße »Am Hagen«, von hier aus sind beide Skulpturen fußläufig erreichbar | **Tipp** Bei schönem Wetter öffnet der Biergarten des Hotels »Goldener Anker«. Dort sitzt man auf einer Terrasse mit direktem Blick auf die Weser!

26_ Die KulturMühle

Wo ein Kaleidoskop immer neue, bunte Formen entwirft

Der kleine Ort Buchhagen hat insgesamt nur ungefähr 40 Einwohner. Ein kleines bisschen soll er aber ruhig noch wachsen, wenn es nach den Bewohnern des »Langen Hauses« geht. Das Gebäude besteht im Grunde aus fünf kleinen ehemaligen Arbeiterhäusern und wird seit 1997 von einer Kommune bewohnt. Buchhagen liegt in einer sehr idyllischen Landschaft, mitten durch den Ort floss einst der Mühlgraben, der heute aber kein Wasser mehr führt. In Sichtweite fließt nördlich die Lenne. In ihr soll man im Sommer sogar baden können.

Die Mühle war bis circa 1970 bewohnt, anschließend stand sie beinahe 30 Jahre leer. Dann begann der Kulturverein Kaleidoskop, der aus 60 Mitgliedern der Umgebung besteht, auf Initiative der Nachbar-Kommune mit der denkmalgerechten Sanierung der historischen Anlage. Die Deutsche Stiftung Denkmalschutz hat das Unternehmen gefördert. Das aus Mühle, einem Stall, zwei Scheunen und den Arbeiterhäusern bestehende Anwesen steht nämlich unter Ensembleschutz. Die einstige Schleifmühle wurde 1867 gebaut und besteht von Kopf bis Fuß aus Vogler Sandstein. Schleifmühlen dienten zum Glasschleifen und Polieren oder, wie hier in Buchhagen, zum Sägen und Schleifen von Natursteinen. Zum Andenken daran wurde bei der Sanierung im Boden des Gebäudes durch einen Kreis dunkler Steine ein Schleifkranz nachempfunden. Sechs Jahre lang dauerten die Sanierungsarbeiten, bis 2008 die heutige KulturMühle ihre Türen öffnete.

Dort, wo früher fleißig gesägt und geschliffen wurde, gibt es jetzt Konzerte und Kunst, Theater- und Filmvorstellungen oder Workshops. Sonntags werden in einem Café hausgemachte Kuchen und Torten angeboten. Bei Interesse ist es auch möglich, die Räumlichkeiten für private Feiern zu nutzen. Außerdem kann man im »Langen Haus« eine Unterkunft mieten. Von Mai bis September sind Erholungsuchende oder Seminargruppen willkommen.

Adresse Buchhagen 14, 37619 Bodenwerder-Buchhagen, Tel. 05533/9752029, www.buchhagen.org | **Anfahrt** auf der B 83 nach Hehlen, hinter Hehlen nach Eschershausen und über die Weserbrücke, danach rechts abbiegen und gleich wieder links nach Buchhagen | **Öffnungszeiten** Café So 14–18 Uhr, für alle Termine am besten auf der Webseite schauen! | **Tipp** Die KulturMühle liegt in der Nähe des Weserradweges und direkt am Pilgerweg Loccum-Volkenroda.

27 __ Die Rühler Schweiz

Ein Ausflug zur Kirschblüte

Wie die Rühler Schweiz zu ihrem Namen kam? Ihre höchste Erhebung ist der »Große Schweinsberg« mit gerade einmal 329 Metern, aber die Hänge hier sind teils steil, weite Wiesen wechseln sich ab mit Hecken und Feldgehölzen, und kurvige Straßen schlängeln sich durch die Landschaft. Da mag sich manch einer an die Schweiz erinnert fühlen. Die kurvigen Straßen locken viele Motorradfahrer in die Gegend. Im Süden bildet das Forstbachtal die Grenze. Eigentlich gehört die Rühler Schweiz zum Vogler, sie wird von ihren Bewohnern aber meist als eigenständige Region wahrgenommen.

Im Frühjahr schmücken gelbe Farbtupfer an vielen Stellen die Wiesenhänge. Die Echte Schlüsselblume liebt kalkhaltigen Boden und fühlt sich hier deshalb wohl. Auch Schlehen und Weißdorn sind zu sehen. Und sogar einige Orchideenarten oder Enzian kann man entdecken. Die Rühler Schweiz ist verbunden mit einem europaweiten Netzwerk zum Schutz seltener Pflanzen, Tiere und Lebensräume. Kalkmagerrasen, entstanden durch einst ausgiebige Nutzung, werden hier heute von kleinen Schafherden beweidet. Der Weinberg oberhalb des Örtchens Rühle ist ein herrlicher Aussichtspunkt. Gleichzeitig kommen hier selten gewordene Pflanzen vor.

Ackerbau findet in den flacheren Gebieten statt, da die Bewirtschaftung der steilen Hänge zu aufwendig ist. Weil aber die Sonne sie so schön bescheinen kann, eignen sie sich gut für den Obstanbau. Besonders Kirschbäume prägen das Bild im Frühjahr. Dann locken die zarten weißen Blüten zahlreiche Besucher in die Region. Am vorletzten Wochenende im April gibt es in den Orten Rühle, Golmbach und Reileifzen Kirschblütenfeste. Dann wird eine Königin gewählt, und es werden Spezialitäten angeboten, wobei die Kirschbratwurst besonders hervorzuheben ist. Wann genau die Kirschblüte beginnt, hängt natürlich in jedem Jahr von den Temperaturen ab.

Adresse 37619 Bodenwerder-Rühle | **Anfahrt** über die B 83 aus Hameln kommend bei Bodenwerder die Weserbrücke queren, rechts halten und auf der L 580 bis nach Rühle | **Tipp** Ein schöner kleiner Spaziergang führt durch den Weinberg zum nahen Herzog-Wilhelm-Denkmal, dem Wahrzeichen von Rühle. Der Weg startet an der Straße »Am Weinberg«. Oben angelangt, hat man herrliche Blicke ins Tal.

28_ Die Ölmanufaktur

Nachhaltig und fair

Seit Mai 2018 ist die neue Ölmühle im Solling fertig, und die Produktion und der Laden sind in ein eigenes Gebäude umgezogen. Die bisherigen gemieteten Räume waren längst zu klein geworden, denn die Nachfrage nach den hochwertigen Produkten der Manufaktur steigt, das Unternehmen wächst, und die Auswahl im Laden wird ebenfalls immer größer. Da gibt es Speiseöle, Würzöle, Wohlfühlöle, diverse Essigsorten, Mehle, Kosmetikprodukte oder Aufstriche wie Röstzwiebel-Kokos oder Walnusspesto, aber auch Themen-Sets wie Asia-Gewürze, Fruchtessige oder Feinschmeckeröle – alles handverlesen. Mit kleinen Ölpressen werden die Bio-Öle aus Rohstoffen der Region und der ganzen Welt hergestellt.

Seit über 20 Jahren gibt es die familiengeführte Manufaktur. Gudrun und Werner Baensch gründeten 1996 das Unternehmen, nachdem sie lange Zeit in Entwicklungsländern in Südamerika und Asien gearbeitet hatten und in die Heimat zurückgekehrt waren. Angeregt durch ein Projekt und begleitet von ihrer ökologischen Überzeugung, bauten sie die Ölmanufaktur im Weserbergland auf. Anfangs verkauften sie die Öle noch auf Bauernmärkten in der Umgebung. Inzwischen expandiert das Unternehmen kontinuierlich weiter, und auch die Kinder Sebastian und Sarah sind eingestiegen. Der Sohn in Boffzen, die Tochter mit einem Mühlenladen in Köln. Gemeinsam entwickeln und treiben sie ihre Ideen, unter Einbeziehung von Werten wie Nachhaltigkeit und Fairness, und die Qualität der Produkte weiter.

Heute kommen fast 100 verschiedene Bio-Ölspezialitäten »mühlenfrisch« aus der Manufaktur und werden an ausgewählte Händler, über den Webshop oder im Laden vertrieben. Es gibt einen Schaugarten und Verköstigungen, aber auch Führungen durch die Produktion, um den Weg von der Saat zum Öl kennenzulernen, die Abläufe zu beobachten, alles über Qualitätsunterschiede und Merkmale zu erfahren und viele Tipps und Rezepte rund ums Öl zu bekommen.

Adresse Höxtersche Straße 3, 37691 Boffzen, Tel. 05271/966660 | **Anfahrt** über die B 83 Richtung Höxter, von der Godelheimer Straße in die Fürstenberger Straße abbiegen und dann rechts in die Boffzener Straße, nach circa 800 Metern links | **Öffnungszeiten** Mühlenladen Mo–Fr 9–17 Uhr, Sa 10–13 Uhr, Verkostungen und Führungen unter Tel. 05271/9666614 oder per Mail besucher@oelmuehle-solling.de | **Tipp** Jedes Jahr findet im Sommer ein Tag der offenen Tür statt, an dem für alle Besucher die Räumlichkeiten und die Produktion ohne Voranmeldung zugänglich sind. Am besten telefonisch erfragen!

29 __ Die Lourdesgrotte
Stille Einkehr

So manchem mögen sie heute wie Relikte aus einer anderen, längst vergangenen Zeit erscheinen: die Lourdesgrotten, zu denen Gläubige mit ihren Sorgen und Gebeten pilgern. Aber es ist eine ganze Reihe von Kerzen und Teelichtern dort entzündet, selbst an einem ganz normalen Nachmittag im Oktober. Zahlreiche Votivtafeln hängen an den Felswänden der Grotte in Borgentreich: »Danke, Maria« oder »Maria hat geholfen« ist darauf immer wieder zu lesen. Vor dem Standbild der Muttergottes steht ein großer Strauß frischer weißer und gelber Dahlien.

Besonders Ende des 19. und Anfang des 20. Jahrhunderts entstanden viele dieser Grotten. Alle sind sie Nachbildungen des Originals, das im Ort Lourdes im Süden Frankreichs liegt. Hier nämlich war dem Mädchen Bernadette insgesamt 18 Mal die Muttergottes erschienen. Daraufhin wurde Lourdes damals zu einem der bekanntesten europäischen Wallfahrtsorte. Bernadette Soubirous, die aus ärmlichen Verhältnissen stammte, beschrieb auch genau, wie die ihr erschienene Frau bekleidet gewesen war: mit einem weißen Kleid mit blauem Gürtel, und auf jedem ihrer Füße lag eine goldene Rose. Und genau so, wie die im Jahr 1933 von der katholischen Kirche heiliggesprochene Bernadette Maria beschrieben hatte, sieht auch die Muttergottes in Borgentreich aus. Sie hält ihre Hände zum Gebet erhoben und den Blick gen Himmel gerichtet.

Früher wurden häufig Wallfahrten an diese Orte unternommen. Plagten einen schwere Sorgen, suchte man die Nähe der Muttergottes. Oft wurden Grotten aus Dankbarkeit gebaut. War man zum Beispiel unversehrt aus dem Krieg zurückgekehrt oder von einer ernsten Krankheit genesen, dann errichtete man eine Lourdesgrotte. In Borgentreich hat Maria Fiorentini sich nach einem Besuch des Originals in Frankreich energisch für den Bau der Grotte eingesetzt. Sie besteht schon seit 1902.

Adresse Muddenhagener Straße 1, 34434 Borgentreich | **Anfahrt** von der B 241 in die Muddenhagener Straße abbiegen, nach circa 300 Metern führt eine kleine Straße zur Grotte | **Tipp** In der St.-Johannes-Pfarrkirche in Borgentreich können Sie die weltweit größte barocke Springladenorgel bewundern.

30__Das Orgelmuseum

Ein Kulturerbe der Menschheit

Die Orgelpfeife ist wohl vielen ein Begriff. Aber wissen Sie auch, was Windladen sind? Sie bilden das Herzstück jeder Orgel und speichern den vom Gebläse kommenden Wind. Durch das Schließen und Öffnen der Windladen leitet der Organist die Luft auf die von ihm gewünschten Pfeifen weiter.

In Borgentreich kann man sich ansehen, wie das genau funktioniert. 1980 öffnete hier das erste Orgelmuseum Deutschlands in den Räumen des einstigen Rathauses seine Türen. Im Vordergrund stehen nicht die Ausstellungsstücke, sondern die Idee, dem Besucher Funktionsweise, Klangaufbau und geschichtliche Entwicklung einer Orgel nahezubringen.

Es hat einen Grund, warum sich ein solches Museum gerade hier im kleinen Borgentreich befindet. In der St.-Johannes-Baptist-Kirche gleich gegenüber steht nämlich eine außergewöhnliche Orgel, die sich sogar Nationaldenkmal nennen darf. Es handelt sich dabei um die größte Barockorgel Westfalens und gleichzeitig die größte erhaltene doppelte Springladenorgel der Welt. Eine Springlade ist ein komplizierter Ventilmechanismus, der für die Luftzufuhr der Orgelpfeifen sorgt.

Nach sechs Jahren Restaurierung im Wert von insgesamt 1,7 Millionen Euro durch eine Bautzener Orgelfirma wurde dieses Wunderwerk 2011 wieder in Borgentreich aufgestellt. Dass das überhaupt zustande kam, ist dem Kirchenmusiker Jörg Kraemer zu verdanken. Als er hier vor Jahren seinen Dienst antrat, war er erschrocken über den Zustand der Orgel. Er machte sich auf die Suche nach Sponsoren und sammelte Spenden, um sie wieder auf Vordermann bringen zu lassen. Jörg Kraemer ist gleichzeitig auch Leiter des Museums. Bei einem Gang durch dessen Räume erfährt man viel Interessantes über die »Königin der Instrumente«. Vor Kurzem wurde der Orgelbau und die Orgelmusik zum immateriellen Kulturerbe der Menschheit ernannt. Also: auf nach Borgentreich!

Adresse Marktstraße 6, 34434 Borgentreich, www.orgelmuseum-borgentreich.de |
Anfahrt über die B 241 nach Borgentreich, im Ort in die Bühner Straße Richtung Zentrum,
dann ist links schon die Kirche zu sehen, das Museum liegt gegenüber | **Öffnungszeiten**
Nov.–März Sa 10–12 und 14–17 Uhr, So 14–17 Uhr, April–Okt. Do und Fr 14–17 Uhr,
Sa 10–12 und 14–17 Uhr, So 14–17 Uhr | **Tipp** In Borgentreich gibt es ein kleines Dorf-
kino mit drei Vorführräumen, in denen deutsche und internationale Blockbuster zu sehen
sind (www.central-kino borgentreich.de).

31 Die Annenkapelle

Grimms Mäken von Brakel

Nördlich der Altstadt von Brakel führt ein Weg vom Pahenwinkel zur Annenkapelle. Der achteckige Bau wurde 1719 im Stil des Barock errichtet. Genau hier soll sich eine Geschichte von den Brüdern Grimm ereignet haben: »Dat Mäken von Brakel« ist eine Legende aus der Region, die in den Kinder- und Hausmärchen von Jacob und Wilhelm Grimm zu finden ist. Die Vorlagen zu ihren unzähligen Märchen lieferten den beiden Sprachwissenschaftlern unter anderem Erzählungen von Leuten aus dieser Region. Die Brüder waren hier häufig unterwegs und regelmäßig zu Gast bei der Familie von Haxthausen im nahen Bökendorf.

Nur wenige der Grimm'schen Märchen konnten nachweislich mit einem bestimmten Ort in Verbindung gebracht werden. Bei der St.-Annenkapelle soll das aber anders sein. Der Geschichte nach wünschte sich ein junges Mädchen sehnlichst einen Mann, ging zur St.-Annenkapelle und flehte im Brakeler Platt: »O heilige Sankt Anne, so helf' mir doch bald zum Manne. Du kennst ihn ja wohl: Er wohnt vor dem Sudheimer Tore, hat blonde Hoore (Haare), du kennst ihn ja wohl.«

»Dat Mäken von Brakel« ging in die Geschichten ein. Die Annenverehrung hat in Brakel schon eine sehr lange Tradition: Seit rund 260 Jahren wird am 1. Sonntag im August der kirchliche Annentag gefeiert und die Figurengruppe »Mutter Anna mit Kind« auf dem Altar in der Annenkapelle aufgestellt. Zeitgleich findet im Zentrum die Annenkirmes, die größte Innenstadtkirmes im Weserbergland, statt. Nicht weit von der Kapelle entfernt liegt der Annenbrunnen mit einem Bild der heiligen Anna aus dem Jahr 1962. Das Wasser des kleinen Brunnens, das in den Annenbach fließt, soll heilende Kräfte haben: Wirft eine Frau mit unerfülltem Kinderwunsch einen Apfel hinein, soll sich das positiv auf den Kindersegen auswirken. Nordwestlich der Wunder wirkenden Stelle befindet sich das Annenfeld. Der Name Anna geht auf die Mutter Marias zurück.

Adresse am Pahenwinkel ist links die Kapelle ausgeschildert, 33034 Brakel | **Anfahrt** von der Nieheimer Straße vom Zentrum kommend rechts vor der B 252 abbiegen | **Tipp** Auf dem Marktplatz in Brakel ist das Annen-Märchen am Brunnen dargestellt. Außerdem gibt es einen circa fünf Kilometer langen Mutter-Anna-Pilgerweg (www.orte-verbinden.de/Wege/Mutter-Anna-Weg).

32__ Die Stadtmusikanten

Ein Räuberhaus für tierische Verbündete

Warum heißen die Bremer Stadtmusikanten eigentlich nicht Brakeler Stadtmusikanten? Sind sie überhaupt jemals in der Hansestadt angekommen? Sie wollten zwar nach Bremen, um dem Tod zu entgehen und gemeinsam zu musizieren, denn sie taugten ja nicht mehr für die Arbeit und als Nutztiere. Doch die Geschichte erzählt, dass sie auf ihrem Weg an einem Räuberhaus vorbeikamen und es ihnen mit List und Tücke gelang, die Räuberbande zu vertreiben. Fortan lebten Hahn, Katze, Hund und Esel in Eintracht in der kleinen Kate und machten es sich hier gemütlich. »Von nun an getrauten sich die Räuber nicht weiter ins Haus, den vier Musikanten gefiel's aber so wohl darin, dass sie nicht wieder heraus wollten«, heißt es in der Geschichte.

Aber wo genau liegt denn diese kleine Kate oder der Kotten, wie es hier heißt? »Nun ist guter Rat teuer«, würden die Tiere vermutlich sagen. Auf jeden Fall ist es gar nicht so unwahrscheinlich, dass das Räuberhaus nicht weit von Brakel entfernt war. Als Quelle für die Geschichte wird bis heute die Familie von Haxthausen genannt. Freiherr August Franz von Haxthausen war ein Freund der Brüder Grimm und lebte im nahe liegenden Bökendorf. Womöglich war den dreien der alte Kotten bekannt?

Für die Brakeler steht fest, dass die Tiere nicht in Bremen ankamen und dass das sogenannte Räuberhaus im Wald an der Landstraße Modexen zwischen Brakel und Bossenborn stand. »Es ist noch gar nicht so lange her, dass der alte Kotten endgültig abgerissen wurde, einige Einwohner können sich noch daran erinnern«, erklärt ein Mitarbeiter des Touristenbüros. Genau an der Stelle sind jetzt Esel, Hund, Katze und Hahn zu sehen. Das Werk stammt von den Paderborner Künstlerinnen Gunhild Möller und Heike Kolbus. Verschmolzen zu einer Einheit in Form einer Silhouette, die in einen 2,2 Meter hohen Kalksandstein gearbeitet wurde, stehen sie an der Straße.

Adresse Kreisstraße 18 zwischen 33034 Brakel und Bosseborn | **Anfahrt** B 252 nach Brakel, über die Straße Modexen (K 18) Richtung Bosseborn (von Brakel kommend rechts gelegen nach circa 2 Kilometern) | **Tipp** An der Straße Modexen befindet sich der gleichnamige Turm, der Teil der mittelalterlichen Befestigungsanlage von Brakel war. Der Turm war mit Wächtern besetzt, die als Vorposten, sobald sie Feinde erspähten, durch Feuer in der Nacht und Fahnen bei Tag die Türmer der Stadt warnten. Der Modexer Turm wurde bereits 1383 urkundlich erwähnt.

33 Der Laubengang
Und die Judenbuche

Der Droste-Stein steht eigentlich am falschen Platz, denn der Mord an dem Juden aus dem bekanntesten Roman von Annette von Droste-Hülshoff geschah 1783 auf dem Waldweg von Bökendorf nach Ovenhausen. Sicher und richtig ist, dass die Dichterin häufig zu Gast bei ihrem Onkel August von Haxthausen in Bökendorf war. Er lieferte auch die Vorlage zu ihrem Roman »Die Judenbuche«, als er ihr die Geschichte eines Sklaven aus alten Gerichtsakten erzählte. Sie setzte es literarisch um in »Ein Sittengemälde aus dem gebirgichten Westfalen«, deren wahre Begebenheit sich im Nachbardorf Bellersen zugetragen hat.

Der Onkel lebte auf Schloss Bökerhof, und hier trafen sich im 18. Jahrhundert einige namhafte Romantiker: Clemens von Brentano, Heinrich Hoffmann von Fallersleben oder die Gebrüder Grimm waren seine Gäste und die Familie von Haxtleben beliebte Gastgeber. Der Ort war damals der Mittelpunkt des sogenannten »Bökendorfer Romantikerkreises«. Viele Jahre später wurde im Schloss ein Literaturmuseum eingerichtet, aber das ist inzwischen wieder geschlossen.

Etwas Außergewöhnliches aus dieser Zeit gibt es immer noch: Es ist der Laubengang, durch den die romantischen Schreiber früher lustwandelten. Wenige Meter von dem gelb getünchten Schloss befindet sich die Pergola aus Blättern. Hier spazierten, plauderten, debattierten, stritten, lachten und inspirierten sich die Herrschaften vermutlich gegenseitig. Der Laubengang gehörte zum Garten um Schloss Bökerhof und entstand zwischen 1768 und 1771. Es ist eine Mini-Allee aus Hainbuchen, die mit der Zeit ein Dach gebildet haben. Jede Jahreszeit lässt den Gang in einer anderen Stimmung erscheinen, bei Regen eignen sich die Zweige fast als Dach. Der Gutspark mit Laubengang ist öffentlich zugänglich. Hier beginnt auch der Bökendorfer Kreuzweg, der zum Park gehört und schöne Blicke und Stationen bietet.

Adresse Schloss Bökerhof, Bökerhof, 33034 Brakel-Bökendorf | **Anfahrt** von der B 252 auf die L 825 abbiegen, kurz hinter Bellersen nach rechts in Richtung Bökendorf, dann geht es rechts in die Straße Bökerhof | **Tipp** In der Dreizehnlindenstraße 16 von Bökendorf befindet sich der Euro-Gedenkstein zur Erinnerung an die Euro-Einführung am 1. Januar 2002. Auch Annette von Droste-Hülshoff wurde gedacht: mit der Darstellung des 20-Mark-Scheins, den sie einst zierte, und einer Buche, die daneben gepflanzt wurde.

34 Das Weidenpalais
Naturgebäude von Menschenhand

Das interessante Gebilde liegt gar nicht weit von Corvey entfernt.
Kein Wunder also, dass man sich gleich an eine Kathedrale erinnert
fühlt. Besonders die höheren Räume erinnern von ihrer Form her
sofort an die Gewölbe einer Kirche. Die Baukunstgruppe »Sanfte
Strukturen« gestaltet aus Weiden, deren Zweige man wunderbar formen kann, lebendige Räume und Bauwerke. Ihr Vorbild sind dabei
kunstvolle Schilfhäuser, die vor langer Zeit in Mesopotamien gebaut
wurden. Das Weidenpalais im Schlosspark Rheder wurde im März
2012 von einer Gruppe um Marcel Kalberer geschaffen, die bereits
seit 1984 existiert. Ihr geht es nicht nur um natürliche Architektur,
sondern gleichzeitig um den Prozess der Entstehung eines Gebäudes. So ist in ihre Projekte immer eine ganze Reihe freiwilliger Hel-
fer aller Altersklassen eingebunden.

Im Schlosspark Rheder halfen insgesamt 300 Menschen mit.
Auf diese Art sorgt der Bau zur gleichen Zeit für Kommunikation
und Gemeinsamkeit. Da wären wohl viele gern einmal dabei, um
mitzuerleben, wie so ein natürlicher Weidenpalast entsteht. Das
Palais sieht zu jeder Jahreszeit anders aus. Und im Laufe der Jahre werden seine Zweige und Blätter immer dichter und dichter
wachsen. Man kann das Weidenpalais heute für zahlreiche Veranstaltungen nutzen: für Hochzeiten, Konzerte oder als »grünes
Klassenzimmer«.

Der englische Landschaftsgarten am Schloss Rheder hat aber
noch einiges mehr zu bieten. Da wäre zum einen der sogenannte
Pückler-Schlag: eine wunderbare Sichtachse, die vom Barockschloss
bis hin zum gegenüberliegenden Sieseberg verläuft. Außerdem ist im
westlichen Teil der Anlage eine Rauminszenierung von Jenny Holzer
zu sehen. Die amerikanische Künstlerin hat in Baumstämme, die wie
zufällig herumliegen, Texte eingraviert. Nun der Verwitterung preisgegeben, ist ein Sinnbild für Vergänglichkeit entstanden, das gleichzeitig schön anzusehen ist.

Adresse Schloss Rheder, Nethetalstraße 10, 33034 Brakel-Rheder | **Anfahrt** über die B 252, hinter Brakel, das Schloss ist nicht zu übersehen | **Tipp** Die Schlossbrauerei Rheder veranstaltet von April bis Oktober jeweils wochentags 11 bis 16 Uhr Besichtigungen. Unter Tel. 05272/39230 können Termine mit Bierverkostung und Imbiss vereinbart werden.

35__Die Fürstliche Hofreitschule

Phantastische Sättel und Pferde

Deutschland hat eine einzige Hofreitschule. Diese Fürstliche Lehranstalt liegt in Bückeburg, direkt neben der Schlossanlage der Fürstenfamilie zu Schaumburg-Lippe. Europäische Reitkultur und noble Pferde sind hier zu sehen. Es handelt sich um Fürstliche Schulhengste unterschiedlicher barocker Rassen. An den historischen Pferdeboxen befinden sich unterhaltsame Informationstafeln. So wird die Zweiraumwohnung der Vierbeiner erklärt, Lipizzaner und ihre Herkunft beschrieben, über die schon mehrfach vom Aussterben bedrohten Knabstrupper berichtet oder über Monsieur Le Grand, der zur Rasse der Miniature Horses gehört.

Im benachbarten Museum sind Details rund um die preisgekrönten Pferde ausgestellt. Ein Sattel gehört dem Berberhengst Raisulih el Hadi, einem Champion unter den Pferden. Der »Fantasia-Sattel« stammt vom marokkanischen Landwirtschaftsministerium und ist mit einer persönlichen Widmung von Prinzessin Lalla Amina versehen. Hofreitmeister Wolfgang Krischke ist besonders stolz auf dieses Exemplar. Der Hengst erhielt es am 5. März 2005 als bestbewertetes Pferd des Weltchampionats der »Organisation Mondiale du Cheval Barbe« (Weltberberverband O.M.C.B.). Ein weiterer Fantasia-Sattel kommt aus Algerien und wird bei traditionellen Reiterspielen eingesetzt. Er unterscheidet sich durch das rote Leder und die überhängenden Lappen. Zudem darf er ausprobiert werden. Es gibt einen Damensattel mit »Schräglage« aus dem 19. Jahrhundert oder eine andere Variante für Frauen aus Mexiko. Von hier stammt auch der Hirtensattel. Aus Bückeburg kommt der an das historische Original angelehnte Schulsattel, entwickelt vom Hofreitmeister und der renommierten Firma Deuber & Partner.

Die Stallungen der Hofreitschule stammen aus dem Jahr 1609 und befinden sich auf dem großzügigen Gelände des Schlosses.

Adresse Schlossplatz 7B, 31675 Bückeburg, Tel. 05722/ 898350, www.hofreitschule.de |
ÖPNV 800 Meter vom Bahnhof Bückeburg bis zum Schlosstor (zwei Ampeln sind zu
überqueren) | **Anfahrt** von der A 2 bei Hannover Abfahrt Bad Eilsen und links auf die B 83,
Abfahrt Bückeburg und über den 1. Kreisel geradeaus, beim 2. links und in die 1. Querstraße
rechts | **Öffnungszeiten** alle Angebote auf www.hofreitschule.de | **Tipp** Auf Schloss
Nienover werden ebenfalls seit ewigen Zeiten Pferde gezüchtet, und es ist ein sehenswertes
Gestüt. Auch die Umgebung ist landschaftlich reizvoll und hat schöne Wege.

36 Die Goldmosaikkuppel

Die größte Fürstengruft der Welt

Das Mausoleum in Bückeburg ist nicht nur das größte private Mausoleum der Welt, es hat auch die größte Goldmosaikkuppel Europas. Die Goldmosaiken nehmen eine Fläche von 500 Quadratmetern ein, und der imposante Engelfries wurde mit unzähligen unterschiedlichen Farbtönen gestaltet. Als Vorbild diente das Pantheon in Rom. Der Berliner Architekt Paul Baumgarten entwarf die Begräbnisstätte, die von 1911 bis 1916 erbaut wurde, im neoromanischen Stil. 43 Meter hoch und 27 Meter breit ist das Mausoleum, das doppelt so viel kostete wie geplant. 150 Tonnen Eisen wurden verarbeitet, und 66 Firmen waren am Bau beteiligt – die meisten kamen aus Berlin. Während des Ersten Weltkrieges wurde der Innenausbau für einige Zeit wegen fehlender Materialien eingestellt.

Unter den Nischen des Hallenbaus liegen die Särge. In einer Vitrine im Eingangsbereich sind die Reste einer Granate, die im Zweiten Weltkrieg die Kuppel durchschlug, zu sehen. Nur bei einer speziellen Sonderführung steigt man in die Gruft hinunter und erfährt Details über die Verstorbenen. Ebenso kommt man nur mit einer Themenführung über die hoch gelegene Galerie der Kuppel nahe und hat dann von oben einen atemberaubenden Blick über Bückeburg. Bitte unbedingt anfragen!

Das Mausoleum befindet sich in einem eigens angelegten Teil des Parks westlich des Schlosses. Seit 1916 nutzt die Fürstenfamilie zu Schaumburg-Lippe den gigantischen Bau als Begräbnisstätte. Nach dem Tod von Fürst Georg hatte sein Sohn Adolf II. die Idee zu dem Bau. Genauso sind ihm die Kunsthandwerkerschule, die Fürst-Adolf-Werkstätte für Kunstkeramik, die Fürstliche Musikschule und diverse Bauten im benachbarten Kurort Bad Eilsen zu verdanken. Er war der letzte regierende Fürst zu Schaumburg-Lippe und dankte 1918 ab. Auch er und seine Frau fanden im Mausoleum ihre letzte Ruhestätte, nachdem sie 1936 mit dem Flugzeug tragisch verunglückt waren.

Adresse Mausoleum Bückeburg im Schlosspark, Schlossplatz 1, 31675 Bückeburg | **Anfahrt** B 83, Abfahrt Bückeburg und über den 1. Kreisel geradeaus, beim 2. links und in die 1. Querstraße rechts, der Parkplatz des Schlosses ist ausgeschildert, zum Mausoleum gelangt man durch den Schlosspark | **Öffnungszeiten** April–Okt. Sa, So, Feiertage 11.30–17.30 Uhr, Nov.–März | **Tipp** Das Fürstenmausoleum in Stadthagen, das im 17. Jahrhundert erbaut wurde, war vorher die Familiengrablege. Die umlaufende Inschrift lautet übersetzt: »Denkmal des Fürsten Ernst, Graf von Holstein und Schaumburg, das, von dem Lebenden im Jahr 1620 begonnen, 3 Jahre nach seinem Tod seine Witwe Hedwig vollendet hat«.

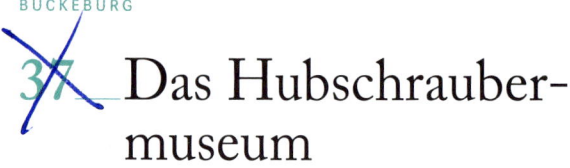 Das Hubschrauber-museum

Leonardo da Vincis Flugschraube

In Bückeburg gibt es drei Sehenswürdigkeiten der Superlative: Neben der einzigen Hofreitschule und dem größten privaten Mausoleum ist auch das Hubschraubermuseum einmalig in Deutschland. Seit 1971 werden hier mehr als 40 Helikopter ausgestellt, 2011 folgte ein moderner Glas-Erweiterungsbau, in dem nun wissenswerte Details und Exponate zu sehen sind. Dass die Ausstellungshalle gerade in Bückeburg ist, hängt vor allem mit einem Mann zusammen: Werner Noltemeyer war Hubschrauberpilot an der im Ort befindlichen Heeresflieger-Waffenschule. Schon während seiner Ausbildung zum Piloten in Alabama faszinierten ihn die Vorläufer der Einsatzhubschrauber, und so sammelte er – unterstützt von Gleichgesinnten – bald alles, was mit den Fluggeräten zusammenhing. Das war der Grundstock für die Sammlung, die feierlich vom Hubschrauberpionier Heinrich Focke eröffnet wurde. Vorher gab es ein kleines Hubschraubermuseum auf dem heutigen Heeresflugplatz der Heeresflieger-Waffenschule.

Der Stadt Bückeburg gefiel die Idee, und so ermöglichte sie, dass die Sammlung vom Kasernengelände in den Burgmannshof umzog. Als Symbol wurde die Luftschraube von Leonardo da Vinci aus dem Jahr 1483 gewählt, weil auch der Burgmannshof bereits 1463 erstmalig urkundlich erwähnt wurde. Das Modell zeigt drei Männer, die unterhalb des schraubenartigen Flügels das Gerät drehen. Ein Beleg dafür, dass sich da Vinci schon mit dem Drehprinzip befasste, weshalb er allgemein als geistiger Vater des Hubschraubers gilt. Die ausgefeilte Technik kam wesentlich später dazu.

Inzwischen umfasst das Museum eine Fläche von rund 2.500 Quadratmetern. Vom Anfang der Drehflügler über den Vergleich mit Libellen und dem ersten Aufstieg mit Pilot im Jahr 1907 bis zum heutigen Stand der Helikopter-Entwicklung ist alles zu sehen. Zudem steht den Besuchern ein Flugsimulator zur Verfügung.

Adresse Sablé-Platz 6, 31675 Bückeburg, Tel. 05722/5533, info@hubschraubermuseum.de | **Anfahrt** B 83, Abfahrt Bückeburg und Richtung Zentrum, Mindener Straße folgen, bis sie zur Lange Straße wird, am Ende links in die Straße An Oberstenhof und dann rechts der Straße Am Rathaus bis zum Sablé-Platz folgen | **Öffnungszeiten** täglich, Sommer 9–18 Uhr, Winter 10–17 Uhr | **Tipp** Bis 1945 gab es in Bückeburg auch eine Heeresmusikschule. Dort wurden die bekannten Musiker und späteren Bandleader James Last und Hugo Strasser ausgebildet.

38_ Schachtelglück

Ein Kleinod in Sachen hübsche Verpackungen

Schon immer war es eine Institution in Bückeburg. Direkt am Schlosseingang, im historischen Gebäude der fürstlichen Hofkammer, war zuletzt ein Antiquariat. 2017 ist in das Gebäude ein hübscher Laden mit wunderbaren Schätzen eingezogen. Die Schachtelmacherin Anke Gaurig bietet Schachteln, Papier, Stifte, Geschirr, Decken und andere Accessoires für ein geschmackvolles Zuhause an. Es dauerte eine Weile, bis sie selbst auf die Idee kam und den früheren Eigentümern des Antiquariats vorschlug, das Geschäft zu übernehmen. Die zeigten sich glücklich und zuversichtlich, weil somit auch weiterhin die Leidenschaft für besondere Dinge in dem Laden erhalten bleibt. Ein wenig Vertrautes wie Tischsets, Untersetzer, Schürzen oder Tücher wurde vor allem für die Stammkundschaft ins Angebot übernommen.

Das Entwerfen von Schachteln ist schon lange ein Hobby von Anke Gaurig, zwölf Jahre hat sie diese Leidenschaft ausgelebt. »Das bedeutet harte Handarbeit«, erklärt sie. Schachtelmacherin ist ein Berufszweig der Buchbinder und heute äußerst selten. Dabei ist eine Schachtel doch etwas ganz Besonderes, denn darin werden persönliche Schätze, wichtige Dinge, besondere Sammlungen oder spezielle Andenken aufbewahrt. Je schöner die Hülle, desto wertvoller ist meistens der Inhalt. Und dafür gibt es die unterschiedlichsten Materialien und Ausstattungen. Buchbinderpappe bildet die Grundlage, weil sie besonders dicht und stabil ist. Von einem Buchbindemeister wird Anke Gaurig bei ihrer Arbeit unterstützt. Er dachte sich zum Beispiel die Notizbücher mit persönlicher Prägung aus. Zuweilen kommen aber auch Kunden mit alten Kinderbüchern und wollen sich diese hier hübsch binden lassen.

Dass »Schachtelglück« eine echte Herzenssache ist, erkennt man sofort. Die Schachteln gibt es auch übers Internet oder auf der Landpartie, dem Weihnachtszauber und auf einem Kunsthandwerkermarkt.

Adresse Schachtelglück Anke Gaurig, Schlossplatz 6, 31675 Bückeburg, www.schachtel-glueck.de | **Anfahrt** B 83, Abfahrt Bückeburg und Richtung Zentrum über Mindener Straße, bis sie zur Lange Straße wird, am Ende links in die Straße An Oberstenhof und dann rechts der Straße Am Rathaus bis zum Schlossplatz folgen | **Öffnungszeiten** Di–Fr 10–14 und 15–18 Uhr, Sa 10–14 Uhr | **Tipp** Wenige Meter weiter in der Lange Straße 22 befindet sich das Heimatmuseum, in dem ganz besonders schöne Bückeburger Trachten ausgestellt sind. Der Eintritt ist frei!

39 Die alte Glasmühle

Überreste eines zerbrechlichen Handwerks

Welch wichtige Rolle die Glasherstellung im Weserbergland spielte, ist vielleicht weniger bekannt. Seit dem 12. Jahrhundert wurde vor allem in der Solling-Region Grünglas in sogenannten Waldglashütten produziert. Diese entstanden meist in holzreichen und siedlungsarmen Gegenden. Und sie wanderten. War der Baumbestand, der in großer Menge zum Heizen der Schmelzöfen benötigt wurde, abgeholzt, zogen die Waldhütten mit ihren Arbeitern weiter. Mit steigenden Holzpreisen verschwanden sie dann nach und nach im 19. Jahrhundert.

In Schorborn, einem kleinen Ortsteil von Deensen, entstand im Solling die erste Glashütte mit festem Standort. Hier wurde auch ein technisches Verfahren für weißes oder farbloses Glas entwickelt, das man »Christallglas« nannte. Es fand Abnehmer nicht nur im Raum Hannover. Eine Zeit lang galt das hier hergestellte Glas mit seinen vielfältigen und kreativen Formen als führend in der oberen Weser-Region. Zum Beispiel wurden Pokale geschliffen, Schnaps- und Likörgläser, Konfektschalen oder Medizingläser gefertigt.

Vom einstigen Glanz ist leider nicht viel geblieben. An einem kleinen Tümpel, der vom Beverbach gespeist wird, ist noch die einstige Schleifmühle der Glasmanufaktur zu sehen. Dort lebte früher der Glashüttenmeister Johann Seitz. Und der Teich war einst umgeben von Häusern, in denen Hüttenarbeiter lebten. In Klein-Süntel, einem Ortsteil von Bad Münder, produzierte eine Glashütte bis 1886 Grünglas, das bis nach Amerika exportiert wurde. Seit einigen Jahren werden die Bodenreste wegen ihrer Bedeutung für die regionale Industriegeschichte archäologisch erforscht. In Bad Münder erinnern Glasstelen an die einstigen Hütten. Und die Ortslage Polier bei Nienover ist sogar dem Namen nach leicht mit dem Glashüttengewerbe zu verbinden. Hier befand sich die Polierhütte der Spiegelglashütte Amelith. Ein Gedenkstein am Ortsrand erinnert daran.

Adresse 37627 Deensen-Schorborn | **Anfahrt** über die B 64 auf die L 583 Richtung Stadtoldendorf, 1. Abzweigung rechts nach Schorborn, die Schleifmühle liegt rechts | **Tipp** In Hameln kann man Glasbläsern am Kastanienwall 1 bei der Arbeit zusehen (www.glasblaeserei-hameln.de). Und in Petershagen, das nicht mehr zum Weserbergland zählt, steht der wunderschöne Gernheimer Glasturm von 1826!

40 Der Einbecker Blaudruck

Wo jahrhundertealte Traditionen gepflegt werden

Wussten Sie, dass Blaudruck 2016 als immaterielles Kulturgut in das deutsche Verzeichnis der UNESCO aufgenommen wurde? Der Aufschwung des Porzellandrucks, wie er manchmal genannt wurde, weil seine Muster an Porzellandekors erinnern, begann im 18. Jahrhundert. Die ersten deutschen Blaudrucke gab es aber bereits im 17. Jahrhundert, sie entstanden in Augsburg. Von dort aus breitete sich die Handwerkskunst schnell aus. So gelangte sie auch in die einstige Hansestadt Einbeck. Hier befindet sich noch heute eine Werkstatt, in der seit dem Beginn des 17. Jahrhunderts blaue Stoffe mit feinen weißen Mustern hergestellt werden.

Der Name Blaudruck ist im Grunde irreführend. Denn bedruckt werden die Stoffe mit dem sogenannten Papp. Der ist durchsichtig und außerdem farbabweisend. Die Rezepte für seine Zusammensetzung werden seit Jahrhunderten geheim gehalten. Papp wird mit sogenannten Modeln, das sind geschnitzte Formen, aufgetragen. Die Model wurden früher von den Druckern selbst entworfen. Wenn der Papp dann getrocknet ist, werden die Stoffe gefärbt. Dabei bleiben die mit der farbabweisenden Masse bedruckten Stellen weiß und bilden nun hübsche, feine Muster.

In einem Fachwerkgebäude befinden sich heute zwei Läden, in denen man all die schönen handwerklich bedruckten Stoffe bewundern und erwerben kann. Hier gibt es Tischdecken und ganze Sets, Küchenschürzen, Vorhänge oder Umhängetaschen. Nicht alles ist blau. Auch andere kräftige Farben wie Rot, Gelb und Grün leuchten in den Regalen.

Über die Touristeninformation können Besichtigungen durch die Werkstatt gebucht werden. Dann führt Ulf Ahrens, der Werkstatt und Laden vor einigen Jahren übernahm, eine steile Treppe hinauf in sein Reich. Dort liegen die wunderschönen Modeln in den Regalen, und man hat Gelegenheit, alles zu erfahren, was man über das alte Handwerk wissen möchte.

Adresse Möncheplatz 4, 37574 Einbeck, www.einbecker-blaudruck.de, Tel. 05561/3350 | **Anfahrt** über die B 3 in Richtung Einbeck, abbiegen auf L 487, Altendorfer Tor circa 2 Kilometer folgen und rechts in die Rosenthalstraße abbiegen, die in die Straße Möncheplatz führt | **Öffnungszeiten** Mo – Fr 10 – 18 Uhr, Sa 9.30 – 14 Uhr, Tourist-Info Tel. 05561/3131910 | **Tipp** In Einbeck findet im Oktober jährlich das sogenannte Eulenfest statt. Dort treten neben Schlagersängern auch Musiker anderer Genres auf (www.eulenfest.de).

41 Der PS.Speicher

Mobil sein ist alles

Viele Jahre lang hütete Karl-Heinz Rehkopf seine rollenden Schätze in einer alten Fabrikhalle. Schon als junger Mann hatte er mit dem Sammeln von alten Motorrädern und Automobilen begonnen. Irgendwann kam dann die Idee auf, seine imposanten Ausstellungsstücke der Allgemeinheit zugänglich zu machen. Herr Rehkopf gründete die Kulturstiftung Kornhaus, und mit viel Enthusiasmus und Sachkenntnis wurde ein Ausstellungskonzept erarbeitet. Im einstigen Kornhaus von Einbeck entstand der PS.Speicher. Das etwas derbe Ambiente des Gebäudes ist wie gemacht für die Exponate.

Der PS.Speicher versteht sich nicht als klassisches Museum, sondern als Erlebnis-Ausstellung. Damit ist gemeint, dass man hier zu den Exponaten nicht nur Zahlen und Fakten vermittelt bekommt. Man lernt auf dem chronologisch angelegten Rundgang eine Menge über die Bedeutung der motorisierten Fortbewegungsmittel für die Gesellschaft. Mit Hilfe inszenierter Schauflächen gelingt es, die unterschiedlichen Epochen erfahrbar zu machen. Da gibt es eine Milchbar, die im Stil der 50er Jahre eingerichtet wurde. Oder eine Straßenszene der 20er, in der ein Hanomag-Kommissbrot steht, der erste deutsche Kleinwagen, der ab 1925 am Fließband gefertigt wurde und dessen Form die Menschen an ein Brot erinnerte. Vor dem Full-Motion-Simulator können Hobby-Rennfahrer mal selbst in einem Porsche verschiedene Rennstrecken entlangrasen.

Im PS.Speicher werden über 300 Motorräder, Fahrräder und Autos aus den vergangenen 130 Jahren präsentiert. Man begibt sich auf eine spannende Reise durch die Geschichte motorisierter Zwei- und Vierräder. Gleich nebenan steht das ebenfalls von Herrn Rehkopf erbaute Hotel FREIgeist. Die coole und gleichzeitig entspannte Atmosphäre wird mit charmant-derben Motor-Utensilien unterstrichen. Die Nähe zum PS.Speicher ist deutlich zu spüren. Museum und Hotel sind einen Besuch wert.

Adresse Tiedexer Tor 3, 37574 Einbeck, Tel. 05561/923200, www.ps-speicher.de | **Anfahrt** von der A 7 kommend Abfahrt 69, über die B 3 in Richtung Einbeck, nach circa 12 Kilometern rechts auf die L 487 abbiegen, wird zu Altendorfer Tor, dann rechts in die Schrammstraße bis Tiedexer Tor | **Öffnungszeiten** Di – Mi und Fr – So 10 – 18 Uhr, Do 10 – 21 Uhr | **Tipp** Im Restaurant »Genusswerkstatt«, Tiedexer Tor 3b, spielt neben der PS-nahen Dekoration Gegrilltes die Hauptrolle (Tel. 05561/3199970, info@genusswerkstatt-einbeck.de).

42__Die Senfmühle
Scharfes aus dem Norden

Seit ewigen Zeiten wird Mostrich als Würzmittel genutzt. Erst später kamen aus fernen Ländern neue Gewürze hinzu, aber immer noch gibt Senf einer Vielzahl von Gerichten eine besondere Note. Davon waren auch die drei Gründer der Einbecker Senfmühle, Siegfried Kappey, Rainer Koch und Bodo Rengshausen-Fischbach, überzeugt. Die gestandenen Männer kochen gern, vermissten aber qualitativ hochwertige Senfe. In einer langen gemeinsamen Nacht des Jahres 2009 beschlossen sie, die Senfmühle in Einbeck, die es bereits vor fast 100 Jahren gab, wieder zum Leben zu erwecken.

Sie experimentierten und probierten diverse Zusammensetzungen in den eigenen Küchen aus. Ihre Kreationen stellten sie den Einbeckern vor. Die waren so begeistert, dass die Produktion erweitert und die Senfe auf Märkten angeboten wurden. Sie mieteten die Räume einer ehemaligen Schlachterei, von der sie auch Maschinen nutzen konnten. Zum Beispiel die Wurstfüllmaschine zum Abfüllen des Senfs in Gläser. Biologisch einwandfreie Zutaten werden verwendet, vorzugsweise aus der Region. »Das Schärfste am Norden« steht inzwischen für Einbecker Senf. Das Geschäft, an dessen Eingang ein Schild mit der Aufschrift »Kontor« hängt, läuft. Im Verkaufsraum werden zehn verschiedene Sorten angeboten, ebenso Senf-Korn, Senf-Kochbuch und ähnliche Produkte. Alles gibt es einzeln, im Dreierpack oder in Präsentkörben. Hinter dem Laden befinden sich die Produktionsräume, die bei Führungen besichtigt werden können. Dann erfährt der Besucher einiges über die Herstellung und Zutaten. Die Mischung der Senfkörner ist entscheidend für die Schärfe: Je mehr dunkle Körner, desto schärfer wird's.

Wie geplant, hat Rainer Koch mit seiner Frau die Einbecker Senfmühle inzwischen vollständig übernommen. In der Manufaktur wird die lange Tradition der »Kaltvermahlung« zwischen Granitsteinen fortgesetzt.

Adresse Einbecker Senfmühle GmbH, Knochenhauerstraße 26/28, 37574 Einbeck, Tel. 05561/ 971673, www.einbeckersenf.de | **Anfahrt** von der A7 Ausfahrt Einbeck, über die L592 weiter bis zur L487, in Einbeck über Grimsehlstraße, links in die Beverstraße, rechts Altendorfer Tor, wieder rechts in die Neue Straße und dann rechts | **Öffnungszeiten** Di, Do, Fr 10–17 Uhr, Mi und Sa 10–13 Uhr | **Tipp** Die Manufaktur wird 2018 erweitert. Und wer möchte, kann in einer der Ferienwohnungen innerhalb des Mühlengebäudes sogar Urlaub machen (www.fewo-senfmuehle.de).

43__Das Spezialitätengeschäft

Vom Wein zur Sülze

Angefangen hat Heiko Jörns, der gemeinsam mit seiner Frau das Weinhaus Jörns in der Einbecker Markstraße führt, mit Weinen. Inzwischen ist aus dem Weinhandel ein echtes Weserbergland-Spezialitäten-Geschäft geworden. Da gibt es Braumeister-Sülze, Bregenz- oder Rotwurst, weich gekochte Schwarten (auch als Schwärchen bekannt) oder Original Einbecker Bockwurst genauso wie Senf, Soßen und Brotaufstriche. Die tragen Namen wie »Herr Rossi im Glück«, »Paulchen Panther«, »Eulenspiegel« oder aber auch »Prinzessinnen Creme«. Ebenso gehören ausgesuchte Öle und Essig wie Eier- oder Bier-Balsam dazu. Ganz zu schweigen von den Getränken: Hochprozentiges wie »Krummes Wasser« oder »Altstadt Teufel« genauso wie Heidelbeernektar von der Privatkelterei Creydt aus dem nahe gelegenen Ort Dassel. Dazu Süßigkeiten, Kekse, Kaffee und viele andere Leckereien aus der Gegend und dem europäischen Ausland.

Das neueste Produkt ist »Der Eine«. Dabei handelt es sich um einen Gin, der unter dem Label »Einbecker Jung« auf den Markt gekommen ist und im Weinhaus Jörns im Oktober 2017 vorgestellt wurde. Natürlich geboren aus einer Schnapsidee: eine Spirituose zum Essen, zum Trinken und mit Bezug zur Heimat. Produziert wird sie in Bad Bevensen. Neben dem klassischen Gin gibt es noch eine Variante mit Honignote (Bees-Gin) und einige Produkte mit dem neuen Einbecker-Jung-Logo, das es natürlich auch für Einbecker Mädel gibt: Kapuzenpullis, Schlüsselbänder oder Kühlschrankmagneten mit Flaschenöffner-Funktion gehören dazu.

Wem die Produktpalette dieses Spezialitätengeschäftes noch nicht reicht, der kann an den Abendveranstaltungen mit wechselnden Themen, Unterhaltung und Büfett teilnehmen und einiges über Genuss lernen. Oder einen Präsentkorb mit Weserbergland-Produkten nach Hause tragen oder verschenken. »Über Geschmack lässt sich streiten, über Qualität nicht«, erklärt ein Fan zufrieden.

Adresse Weinhaus Jörns, Marktstraße 21, 37574 Einbeck, Tel. 05561/2273, www.weinhaus-joerns.de | **Anfahrt** von der Autobahn kommend über B 3 auf die Einbecker Straße und dieser folgen, bis sie zur Altendorfer Straße wird, weiter bis zur die Marktstraße rechts (Fußgängerzone), links befindet sich ein Parkplatz | **Öffnungszeiten** Mo – Fr 9 – 18.30 Uhr, Sa 9 – 14 Uhr | **Tipp** Nicht weit entfernt, am Marktplatz 25, befindet sich ein Café mit eigener Kaffeerösterei: die Einbecker Kaffeerösterei.

44_ Die Hämelschenburg

Wie ein Traum im morgendlichen Nebel

Am besten kommen Sie am frühen Morgen hierher. Dann kann es sein, dass die Hämelschenburg noch im dunstigen Nebel liegt, wenn Sie die sacht ansteigende Straße von Emmenthal mit dem Auto entlangfahren. In solch einem Moment bekommt der Ort beinahe etwas Mystisches. Man fühlt sich weit in eine andere Zeit zurückversetzt. Das mittelalterliche Schloss der Weserrenaissance spiegelt sich im Wasserbecken davor, auf der gegenüberliegenden Straßenseite liegt die kleine Kapelle St. Marien. Genauso mag alles auch vor 500 Jahren schon dagelegen haben. Noch ist kein Bus zu sehen, der später die Besucher zur Besichtigung bringt. Neben Führungen durch das Schloss gibt es in den einstigen Wirtschaftsgebäuden einen Shop und ein Café. Natürlich lohnt auch all das unbedingt einen Besuch. Aber ganz der Zeit entrückt fühlt man sich dann eben nicht mehr.

An der Stelle der Hämelschenburg befand sich bis 1544 tatsächlich eine »richtige« Burg. Daher stammt auch der Name. Der Bau des Wasserschlosses, das heute hier steht, begann im Jahr 1588. Errichtet wurde es von Vorfahren der Familie von Klencke, in deren Besitz es sich bis heute ohne Unterbrechung befindet. Ungefähr ein Drittel der Räumlichkeiten kann bei Führungen besichtigt werden. Dabei bekommt der Besucher zahlreiche schöne Möbel und bedeutende Gemälde zu sehen, dazu Porzellan und Waffen der Renaissance, des Barock sowie der Gründerzeit.

Interessant ist auch das im Schloss befindliche Pilgerportal. Durch die Durchreiche von der Küche in die davorliegende Pilgerhalle wurden bis ins 19. Jahrhundert Bedürftige mit einer Mahlzeit versorgt. Zwei Jakobsmuscheln weisen auf ihre einstige Funktion hin. Auch ein Besuch der Schlosskapelle ist lohnenswert. Bei dieser handelt es sich übrigens um die erste freistehende protestantische Kirche Deutschlands, die nach der Reformation errichtet wurde.

Adresse Schlossstraße 1, 31860 Emmerthal, www.schloss-haemelschenburg.de | **Anfahrt** südlich von Hameln gelegen, in Emmerthal die B 83 in Richtung Hämelschenburg verlassen, links vor dem Schloss befindet sich ein großer Parkplatz | **Öffnungszeiten** Führungen April und Okt. 11, 12, 14, 15 und 16 Uhr, Mai – Sept. 10, 11, 12, 14, 15, 16 und 17 Uhr | **Tipp** Läuft man hinter dem Schloss ein Stück in Richtung Wald hinauf, liegt rechts eine Holzbank. Von hier aus hat man einen schönen Blick, und die Inschrift dort ist niedlich!

45__ Der Ohrberg-Park

Wo die Blicke ins Weite führen

Bis zum frühen 19. Jahrhundert weideten am Ohrberg noch Ziegen und Schafe. Ab 1818 widmete sich dann Georg Adolph von Hake hier der Gartenkunst, die ersten Ideen dazu stammten schon von seinem Vater. Vielleicht fühlte man sich auch ein wenig inspiriert von den Nachbarn im Schloss Schwöbber? Dort war schließlich einer der ersten englischen Parks auf europäischem Festland entstanden (siehe Ort 1).

Es heißt, Georg Adolph Hake sei einst wegen Aufmüpfigkeit beim Militär auf sein Rittergut verbannt worden. Viel Zeit also, um einen Park anzulegen. Seine Kenntnisse über Flora und Fauna hatte er während längerer Aufenthalte in England und der Schweiz erworben. Er ließ sich Bäume und Sträucher aus vielen fernen Ländern liefern und pflanzte sie an. Berühmt ist der Park auch wegen seiner Azaleen und Rhododendren, die von April bis Juni in Blüte stehen. Die vielfältige Anlage erhebt sich über dem Wesertal. Unten in der Sonne funkelt der Fluss. Wege verlaufen durch Wäldchen und an weiten Rasenflächen vorbei. Immer wieder führen Sichtachsen in die Weite der Landschaft. Häufig hat man die Weser vor sich im Tal liegen. Ein englischer Garten sollte die Natur nicht in Form pressen, sondern sie verschönern oder idealisieren.

Das nahe Gutshaus bewohnt die Familie von Hake heute in der 21. Generation, es ist aber nicht zu besichtigen. Auf den Namen der zum Uradel zählenden Familie stößt man in der Region häufiger. Das zweigeschossige Herrenhaus wurde Mitte des 19. Jahrhunderts im klassizistischen Stil errichtet, da das alte abgebrannt war. Der Ohrberg-Park wird, mit Unterstützung öffentlicher Mittel, auch heute durch die Familie unterhalten. Ihr botanikbegeisterter Ahne starb 1840 kinderlos. Ein Vetter, der das Gut erbte, ließ ihm im Park in einer Felsennische ein Denkmal aus Sandstein errichten. Dort soll sich in einer Urne das Herz des »alten Gärtners« befinden.

Adresse Rittergut Ohr, 31860 Emmerthal | **Anfahrt** von Hameln aus auf B 1 und B 83 circa 6 Kilometer in Richtung Süden, der Ohrberg-Park liegt dann auf der rechten Seite | **Öffnungszeiten** ganzjährig, beim Hamelner Tourismus-Infocenter können unter Tel. 05151/957824 Führungen bestellt werden | **Tipp** Eine wunderschöne, große Trauerbuche steht auf dem Friedhof in Aerzen.

46 Das Museum der Landarbeit

Von Himpten, Kratzglocken und anderen Geräten

Hier wird die Vergangenheit lebendig. In Börry hat man ein altes Bauernhaus mit Schafstall, Scheune und ein Backhaus (von 1844) sowie die alte Kirche zu einem Museumsdorf saniert und restauriert. Seit 1990 finden in den Gebäuden und auf dem Außengelände verschiedene Ausstellungen zur Entwicklung des landwirtschaftlichen Betriebes statt und zeigen, wie sich das ländliche Leben und die Landarbeit verändert haben. Die Besucher lernen Maschinen und Geräte kennen, die zum Bauernhof gehörten, bevor technische Neuerungen sie ersetzten. Und unter drei Remisen werden Geräte und Traktoren ab Baujahr 1938 gezeigt und vorgeführt. Sie alle sind noch funktionstüchtig.

Im Museum sind einige kuriose Dinge zu sehen. So zum Beispiel ein Rapsglanzkäferfanggerät oder der Himpten, ein altes Hohlmaß für Getreide. Aber auch ein Altarbild aus dem Jahr 1641, auf dem Judas mit verdrehter Hand dargestellt ist. So kann der Betrachter erkennen, wohin die Silberlinge wanderten, die er für seinen Verrat erhielt. Der Museumswart Dieter Brockmann ist ein leidenschaftlicher Erzähler und führt interessierte Besucher durchs Dorf. Im ehemaligen Wohnhaus gibt es eine Waschmaschine aus Holz zu sehen, die die Wäsche durch Luftdruck bewegte. Und Geräte, die zur Hausschlachtung gehörten, vom Blutquirl über Kratzglocken zum Borstenentfernen bis zu Hackebrett, Fleischwolf und Wurstmaschine. In der Scheune befinden sich Geräte wie Pflüge, Eggen und Walzen oder Schleuderrad-Roder. Fast jeder Besucher dürfte etwas Unbekanntes entdecken. Für kleine Besucher stehen Bobbycars bereit, und zum Stärken gibt es ein Museumscafé.

Interessant sind auch die Erklärungen der Herkunft typisch ländlicher Redewendungen. Wieso heißt es zum Beispiel, etwas »für 'n Appel und 'n Ei bekommen«? Das waren die Produkte, die es immer in Hülle und Fülle auf einem Hof gab.

Adresse Museum für Landtechnik und Landarbeit, Frenker Straße 22, 31860 Emmerthal-Börry, museum@emmerthal.de, www.museum-landtechnik.de | **Anfahrt** von der B 1 auf die L 424 bis Börry (über Hagenohsen) in die Torstraße, dann rechts in Auf dem Klink und wieder rechts in die Frenker Straße | **Öffnungszeiten** April – Okt. Sa 14 – 17 Uhr, So 10 – 17 Uhr | **Tipp** Im August 1748 wurden nahezu sämtliche Häuser des Ortes bei einem Großbrand zerstört. Nur drei Gebäude – die beiden Kirchen und das Pfarrwitwenhaus neben dem Museum – überstanden das Feuer unbeschadet. Seit dieser Zeit wird am 19. August der »Brandtag« in Börry gefeiert.

47__Die versteckte Tribüne

Wo Größenwahn ins Nichts führte

Da liegt das weite Feld – so harmlos, als sei hier nie etwas gewesen. Dabei versammelten sich in den Jahren 1933 bis 1937 bis zu einer Million Menschen an diesem Ort. Von nah und fern kamen sie angereist, um das Reichserntedankfest zu feiern, das am 1. Sonntag im Oktober begangen wurde. Es gehörte zu den größten Massenveranstaltungen der NSDAP und diente der nationalsozialistischen Bewegung zur Verherrlichung der Bauernschaft. Deren einfache und naturnahe Lebensform wurde in der Blut-und-Boden-Ideologie verherrlicht und als urdeutsch idealisiert. Mit dem groß aufgezogenen Fest wollte man die Landbevölkerung emotional an sich binden.

Angelegt von Hitlers Leibarchitekt Albert Speer, dem es nie groß genug sein konnte, erstreckt sich der grasbewachsene einstige Festplatz. Als Reichs-Thingplatz sollte er ausgebaut werden, dem Vorbild der alten Germanen nacheifernd. Diese fanden sich an solchen Thingstätten genannten Orten zusammen, um Gericht abzuhalten. Speer hatte noch weitere Pläne für das Gelände, die jedoch nicht verwirklicht wurden. Klassizistische Bauten sollten entstehen, der Führerweg als Treppe ausgebaut werden.

Die Anlage hat in etwa die Form eines Ovals. Gut zu erkennen sind ihre Ausmaße vom auf der anderen Seite der Weser gelegenen Ohrberg-Park (siehe Ort 45). Quer durch das 180.000 Quadratmeter große Feld verläuft von oben nach unten ein etwas erhöhter Pfad, der einstige Führerweg. An dessen oberem Ende, heute verschwunden in Büschen und Bäumchen, lag eine Tribüne, auf der 3.000 Ehrengäste Platz hatten. Die Reste ihres Betonfundaments findet man noch. Die Rednertribüne stand am Ende.

Es ist nicht leicht, mit solchen Orten umzugehen. Hier soll eine Dokumentationsstätte entstehen, und an der Stelle der einstigen Tribüne soll dann auf einem großen Schild das Wort »Propaganda« zu lesen sein.

Adresse 31860 Emmerthal-Hagenohsen, Ecke Hastenbecker Weg und Bückebergstraße | **Anfahrt** von der B 83 über die L 431 die Weser überqueren, dann links halten und die 2. rechts in den Hastenbecker Weg, ihm bis Bückebergstraße folgen, von hier aus ist das Gelände schon zu erkennen (teils unter Denkmalschutz) | **Tipp** Auf YouTube kann man sich zum Thema den Film »Der Bückeberg – ein unbequemes Denkmal« ansehen. In Emmerthal am Markt 21 befindet sich das etwas edlere italienische Restaurant »Atmosfera«.

48_ Der Helmburgisplatz
Friedliches und idyllisches Stiftsleben

Ein kleiner Platz gleich neben der Kirche erinnert an die Gründerin von Stift Fischbeck, die bereits um 955 für adlige und unverheiratete Frauen das Kloster ins Leben rief. Auf einem schlichten Holzkreuz steht »Helmburgisplatz«. Im Inneren der Kirche befindet sich eine Figur der Stifterin aus dem 13. Jahrhundert. Die farbige Holzskulptur der Helmburgis zeigt ein zartes, mild lächelndes, junges Mädchen mit geröteten Wangen in einem langen Gewand. König Otto I. schenkte Helmburgis das Grundstück für die Anlage, an deren Einrichtung sich lange Zeit nichts änderte. Im Dreißigjährigen Krieg nahm es großen Schaden und wurde erst im 18. Jahrhundert wieder aufgebaut. Das Kircheninnere finanzierte zum Teil Kaiser Wilhelm II. aus seinem Privatvermögen. Auffallend in der Kirche sind die Wandmalereien, ein riesiger schwarzer Adler, die Anordnung der Bestuhlung und der berühmte Fischbecker Wandteppich, auf dem die Gründungsgeschichte des Klosters dargestellt ist.

Das Besondere aber an Fischbeck ist die Ausstrahlung und Harmonie der gesamten Anlage: Wie ein kleines Dorf gruppieren sich die verschiedenen Backsteingebäude, der Kräutergarten und das Stiftsgebäude umeinander. Hier ist eine besondere Atmosphäre zu spüren, eine Mischung aus Stille, Konzentration und Tradition. Ruhig, vorsichtig und mit Bedacht nähert sich der Besucher den Gebäuden und Gärten und entdeckt hier noch Bauformen aus der Romanik, genauso wie Reitstall, Schafstall, Scheune und den Laden im Torhaus.

Über 1.050 Jahre alt ist Stift Fischbeck inzwischen. Seit der Gründung ist es ein freiweltliches Damenstift, mit der Reformation wurde es evangelisch-lutherisch. Es leben noch acht Damen hier. Geleitet wird Stift Fischbeck seit 2015 von der Äbtissin Katrin Woitack. Mehr als 30 Jahre war sie in verschiedenen norddeutschen Gemeinden tätig. Für sie bedeutete der Wechsel »die Erfüllung einer tief verankerten Sehnsucht«.

Adresse Stift Fischbeck, Im Stift 6, 31840 Hessisch Oldendorf, Tel. 05152/8603 | **Anfahrt** B 83 nach Fischbeck, über die Wehrberger Straße und Bahnhofstraße, bis links der Stifts-weg abgeht, am Stift befindet sich ein Parkplatz | **Öffnungszeiten** Stiftskirche täglich 9.30 – 16.30 Uhr, Termine für die 90-minütigen Führungen unter https://stift-fischbeck.de/veranstaltungskalender | **Tipp** Still und abgeschieden liegt Klus Eddessen in einem Wald-stück zwischen Bühne und Haarbrück. Hier befinden sich eine Klause, eine Wallfahrts-kapelle und ein umgebauter Eselstall, die bis heute durch einen Einsiedler bewohnt sind, aber auch besichtigt werden können.

49_Die Keramikabteilung

Fürstliche Ausstattung

Porzellan spielt in Fürstenberg die Hauptrolle, seit 1747 befindet sich hier die Porzellanmanufaktur Fürstenberg. Sie ist die zweitälteste Porzellanmanufaktur, die immer noch am selben Standort wie zur Gründung produziert.

Das dazugehörige Museum im Schloss gibt Einblicke in die Geschichte, 2017 wurde es modernisiert. Das Schloss liegt direkt an der Deutschen Märchenstraße mit Blick über die Weser. An seiner Terrasse und den angrenzenden Gärten sollen einst Pfirsiche und Mirabellen gereift sein. Die Terrassen wurden 1747 auf Anordnung von Herzog Carl I. aus Braunschweig durch den ersten Direktor der Porzellanmanufaktur zum Anbau von Wein angelegt. Der Weinbau war zwar unrentabel, doch die sonnige Südlage und die wärmespeichernden Trockenmauern ermöglichten zumindest den Gedeih der Früchte.

Noch heute ist hier eine Besonderheit aus der Renaissance zu finden: zwei versetzt angeordnete Aborte, die Burgtoiletten. Unweit davon befinden sich die heutigen Besuchertoiletten, die in diesem Fall auch als »Keramikabteilung« bezeichnet werden können. Hier sind die Türgriffe mit Porzellan ummantelt und werden von dem fürstlichen »F« der Manufaktur geziert. Ebenso finden sich Porzellandeckel an den Wänden der Toiletten. Das blaue »F« wird bereits seit 1753 verwendet. Herzog Karl I. ordnete die Signatur an.

Natürlich gibt es wertvollere Stücke zu sehen: im Museum, in der Manufaktur oder käuflich zu erwerben im Werksverkaufsladen, wo das sogenannte »Weiße Gold der Weser« angeboten wird. Auf jeden Fall lohnt sich auch ein Rundgang um die Anlage. Gleich hinter dem Verkaufsraum liegen die Werkshallen, dort bieten große Fenster Einblick in die Manufaktur. Unterschiedliche Formen von Rohlingen liegen zum Bemalen und Brennen bereit. Und in der Besucherwerkstatt des Museums werden an Werkstischen die Techniken der Porzellanherstellung gezeigt.

Adresse Porzellanmanufaktur Fürstenberg, Meinbrexener Straße 2, 37699 Fürstenberg |
Anfahrt über die B 83 und bei Herstelle abbiegen in die Würggasser Straße (L 763) und
in Lauenförde rechts abbiegen in die Meinbrexener Straße Richtung Meinbrexen und
Fürstenberg | **Öffnungszeiten** Museum März–Anfang Nov. Di–So 10–17 Uhr, Anfang
Nov.–Feb. Fr–So 10–17 Uhr | **Tipp** Die Lange Reihe ist 61 Meter lang und liegt circa
500 Meter vom Schloss entfernt. In den Reihenhäusern der Straße lebten Mitte des
18. Jahrhunderts die Mitarbeiter der Manufaktur. Unweit davon sind die Alte Mühle und
das Alte Brennhaus zu sehen.

50__Der Ort der Glasmacher

Das dünnste Glas der Welt

Eigentlich ist Grünenplan ein anerkannter Erholungsort. Das kleine Dorf mit rund 2.500 Einwohnern entstand 1749 aus der planmäßig angelegten Arbeitersiedlung »Neuer Anbau im Grünen Plan«, wurde inzwischen eingemeindet und gehört zum Flecken Delligsen im Landkreis Holzminden. Was Grünenplan aber besonders und einzigartig macht, ist die lange Tradition der Glasmacher und eine winzige Kleinigkeit, die es allen anderen Orten in Deutschland voraushat: Aus Grünenplan kommt seit 2013 das dünnste Glas der Welt. Genau genommen von der Firma Schott, die hier in einem roten Backsteingebäude residiert. Bei Schott wurde das Ultradünnglas erfunden. Es ist hauchfein und wird in einem kontinuierlichen Ziehverfahren hergestellt. Von diesem Glas haben lange Zeit Experten nur zu träumen gewagt. Lediglich 25 Mikrometer beträgt die Dicke. Es hat viele Vorteile gegenüber Kunststoffen, die in ähnlicher Stärke produziert werden können, und ist eine spektakuläre Innovation.

Schon seit zwei Jahrhunderten werden in Grünenplan Glas hergestellt und neue Verfahren entwickelt. Im 18. Jahrhundert entstand die Spiegelglashütte. Herzog Carl I. von Braunschweig-Wolfenbüttel ließ sie als »Fürstliche Spiegelhütte auf dem Grünen Plan« errichten. Sie wurde zur Koch'schen Glasfabrik und dann zur Deutschen Spiegelglas AG, die nun Tochter der Schott AG aus Jena ist. Es ist das älteste Werk der glaserzeugenden Industrie in Niedersachsen.

Zwei Glasmuseen gibt es in Grünenplan, das Glasmacherhaus und das Glasmuseum. Außerdem ist hier der Glasebachteich und der Glasmacher-Sippenbaum zu finden. Das Kunstwerk erinnert an die Glasmachergeschichte und ist das neue Wahrzeichen des Ortes. Es steht seit 2010 an der Unteren Hilsstraße und wurde von der Grünenplaner Künstlerin Wiltrud Krämer geschaffen. In den Glasdreiecken befinden sich farbige Streifencodes, die auf verschiedene Glasmacherfamilien des Ortes hinweisen.

Adresse Schott AG, Hüttenstraße 1, 31073 Grünenplan | **Anfahrt** von Eschershausen
B 64 Steinweg in Richtung Stadtbergstraße, im Kreisverkehr die 1. Ausfahrt und über die
Mühlenbergstraße auf die L 484 über Obere Hilsstraße nach Grünenplan, die Hüttenstraße
liegt linker Hand | **Tipp** Details zur Historie der Glasmacherkunst und der Geschichte des
Glasmacherortes gibt es im Erich-Mäder-Glasmuseum (Am Park 2) und im Glasmacher-
haus (Kirchtalstraße 13).

51 Das Hüossen-Denkmal
Die einsamen Heuler am Ufer

Man erkennt die jämmerlichen Gestalten schon aus einiger Entfernung. Ein bisschen mager und kläglich sehen sie aus, wie sie da so verlassen an der Weser stehen und heulen. Ganz hinten hockt eine Katze, die mit dem Seil spielt, das die vier über die Schultern gelegt haben. Der Bildhauer Jan Ehlers aus Hajen hat die Figuren geschaffen. Inspiriert wurde er dabei von einer alten Sage.

Schon früh spielte die Schifffahrt auf der Weser für die ganze Region eine wichtige Rolle. Transportiert wurden Getreide, Butter, Käse, Tuche, Holz, der berühmte Obernkirchener Sandstein und viele andere Dinge, die man zum täglichen Leben brauchte. Flussabwärts nutzte man die Strömung des Flusses, um die Schiffe voranzubringen. Stromaufwärts allerdings mussten sie, solange es noch keine Motoren gab, von Tieren oder Menschen gezogen werden, den sogenannten Treidlern.

Oft nannte man sie verächtlich »Hüossen«, eine Ableitung von »Hü-Ochsen!«, weil sie bei ihrer Arbeit den Zugochsen glichen. Auch heute noch sind an einigen Stellen an der Weser die alten Treidelpfade zu sehen.

Unsere vier Hüossen hier jedenfalls kehrten vor langer Zeit regelmäßig in einer Gaststätte in Hajen ein. Einmal nun, als sie dort ganz ausgehungert ankamen, war der Wirt gerade nicht anwesend. Da stahlen sie ihm einen Hasenbraten, der verlockend im Ofen garte, verzehrten ihn und waren anschließend schnell wieder verschwunden. Der Wirt aber nahm sich vor, den dreisten Diebstahl schleunigst zu rächen. Als die Männer das nächste Mal bei ihm einkehrten, servierte er ihnen ebenfalls einen Braten. Nachdem die Treidler gegessen hatten, verriet er ihnen, dass sie nun Katzenfleisch im Magen hätten. Da wurde ihnen so übel, dass sie sich übergaben. Wenn sie nun an der Gaststätte vorbeimussten, miauten sie jedes Mal erbärmlich. Seitdem wird der Ort »Kattenhajen« genannt.

Adresse am Weserradweg, 31860 Emmerthal-Hajen | **Anfahrt** von der B 83 über die Weserbrücke in Richtung Hajen, am Ortsausgang führt ein Weg in Richtung Weser und Denkmal | **Tipp** Hier befindet sich auch gleich ein Platz mit Tisch und Bänken, der sich gut für ein Picknick eignet.

52_ Der Eierautomat

Wo jeden Tag das Gelbe vom Ei frisch zu holen ist

Auch das Weserbergland hat ein kleines Halle. Dieses liegt ganz nah bei Bodenwerder. Wenn man von dort aus in den Ort hineinfährt, steht plötzlich rechts am großen, weiten Feld ein Eierautomat. Den hat der Bauernhof Schütte an dieser Stelle aufgestellt, damit sich jedermann, der vorbeikommt, zu jeder Zeit frische Eier holen kann. Die Preise für zehn Eier variieren je nach Gewichtsklasse zwischen 1,80 und 2,50 Euro.

Der Bauernhof selbst liegt nicht weit entfernt. Dort befindet sich außerdem ein kleiner Hofladen, der von Donnerstag bis Samstagmorgen geöffnet hat. Hier können Sie selbstverständlich frische Eier und Hausmacher-Wurst vom hiesigen Schlachter erstehen, darüber hinaus gibt es Kartoffeln und Honig von benachbarten Betrieben. Landwirte müssen heutzutage erfinderisch sein. Allgemein herrscht die Tendenz, dass nur die ganz großen Betriebe langfristig überleben. In den 1970er Jahren gab es noch ungefähr eine Million landwirtschaftlicher Betriebe in Deutschland, heute sind es nicht einmal mehr 280.000.

Wohl auch aus diesem Grund sind in den vergangenen Jahren immer mehr Hofläden entstanden. Bauer Giese aus Rinteln-Exten bietet Catering mit Fingerfood, Suppen und Salaten an. Hof Strüver aus Emmerthal steht an verschiedenen Tagen auf den Wochenmärkten. Und Brandmeiers Genuss-Hofladen hat gleich zwei Automaten mit frischen Eiern, Wurst und Käse installiert. Ein dritter soll demnächst folgen. Die Schüttes sind heute vor allen Dingen regionale Lieferanten für den Lebensmittelhandel. Dem Verbraucher gefällt es. Viele Menschen ziehen es inzwischen vor, ihre Lebensmittel frisch und regional einzukaufen. Dabei entsteht ein persönliches, vertrauteres Verhältnis. So gewinnen beide Seiten. Jedes Jahr im Oktober findet in Hameln ein Herbst- und Bauernmarkt statt. Dort bieten regionale Erzeuger kulinarische Spezialitäten an.

Adresse kurz hinter dem Ortseingangsschild, Bauernhof Schütte, Palms Höhe 5, 37620 Halle, www.bauernhof-schuette.de | **Anfahrt** aus Bodenwerder über die B 240 kommend durch den Ort fahren, bis es geradeaus in die Straße »Weihberg« geht, dann gleich links in Palms Höhe abbiegen | **Öffnungszeiten** Hofladen Do – Sa 8.30 – 12 Uhr | **Tipp** In Rinteln findet am zweiten Wochenende im September jährlich der Öko- und Bauernmarkt statt. Unter www.westliches-weserbergland.de/hoflaeden-heimische-produkte finden Sie eine Liste der Höfe.

53___Die Golden Rat Bridge

Wahrzeichen mit Weitblick

Das Jahr 2004 war im chinesischen Kalender das Jahr des Affen. In Hameln war es jedoch definitiv das Jahr der Ratte. Wenngleich das Nagetier in der Stadt an der Weser eigentlich immer im Mittelpunkt steht, seit der Rattenfänger die Stadt von den Ratten befreit hat und schließlich auch die Kinder mit seinem Flötenspiel verzauberte. Aus Rache, weil er den versprochenen Lohn nicht erhielt, lockte er sie aus der Stadt hinaus. Sie wurden nie wieder gesehen. So geht die Sage vom Rattenfänger, die ins Jahr 1284 zurückreicht und trotz des tragischen Ausgangs dem Ort zu weltweiter Berühmtheit verholfen hat.

Hameln ist die Rattenfängerstadt, und das ist überall gegenwärtig: Ratten als Säulenschmuck oder im Relief, als Wegweiser zu touristischen Orten, im Glockenspiel, zur Verzierung von Schildern, als Figuren, Brunnen oder Souvenir. Im Jahr 2004 aber fand das Rattenfestival statt. An Plätzen und Straßen wurden insgesamt 65 von Künstlern gestaltete Ratten aufgestellt. Die hießen »Anwaltsratte«, »Panzerknacker«, »WorldWide Rat«, »Turnvater-« oder »Wasserratte«, aber auch »sagenhaftes« oder »rattenscharfes Hameln«. Beim Publikum am beliebtesten war die »Feuerwehrratte«, Claus Hahn bekam für sein Werk den 1. Preis.

Ein besonders kostbares Exemplar steht hoch über der Weser auf einer Fußgängerbrücke. Die mit Blattgold überzogene Ratte von der Goldschmiedin und Künstlerin Ilse Ebert wurde von ihrem früheren Platz in der Sparkasse auf die blauen Rundbögen der Fußgängerbrücke zum Werder installiert, die so zur »Golden Rat Bridge« wurde. Das Werder ist Hamelns Weserinsel, die dank der Fußgängerbrücke vom Zentrum schnell zu erreichen ist. Von der Brücke hat man einen perfekten Blick zur Schleuse, die als einzige ihrer Art einen Knick hat und daher auch Kurvenschleuse genannt wird. Die goldene Ratte thront hier über allen anderen Ratten der Stadt.

Adresse Sudetenstraße (Höhe Pfortmühle), 31785 Hameln | **Anfahrt** aus Süden kommend über die B 83 Richtung Hameln Zentrum, über die Thiewallbrücke und gleich hinter der Weser rechts abbiegen | **Tipp** Wer einen der Nager als Andenken mit nach Hause nehmen möchte, findet im Papierwarenladen Renner am Pferdemarkt oder in der Touristeninformation die Hamelner Brotratte. Hier gibt es auch den »Rattenkiller«.

54__Nordlicht
Von Hand mit Herz

In der Hamelner Altstadt gibt es seit Anfang 2017 einen kleinen feinen Laden. Aus dem Hohen Norden ist die Eigentümerin Leena Kruse mit ihrem »Nordlicht« ins Weserbergland gezogen. In Otterndorf bei Cuxhaven hat sie begonnen, ausgewählte Accessoires und Geschenke zu verkaufen. Diese sind häufig von Hand gemacht, auf jeden Fall aber mit Herz ausgesucht. Das ist Leena Kruse besonders wichtig, denn »Nordlicht bin ich«, wie sie selbst sagt, »das Lädchen ist mein Lebenstraum gewesen« – und offensichtlich wahr geworden. Sie macht alles in Eigenregie: planen, einkaufen, anbieten, vor allem aber die Augen nach neuen Ideen offenhalten. Und zuweilen auch noch eigene Produkte entwerfen und anfertigen. So zum Beispiel einen beschichteten Frühstücksbeutel zum Verschließen mit der Aufschrift »Frühstück inklusive«.

Pausenlos sucht sie kreative Menschen – ob auf Messen oder Märkten, im Internet, über Mund-zu-Mund-Propaganda oder einfach durch Zufall. Zuweilen stoßen die Künstler inzwischen auch auf »Nordlicht« und erkennen hier eine Möglichkeit, ihre Arbeiten anzubieten. Zuerst gab es vor allem Produkte, die Lena Kruse aus dem Norden mitgebracht hatte. Inzwischen hat sie aber auch Kontakte zu regionalen Kunsthandwerkern und Künstlern aufgebaut, sodass sich das Sortiment »verweserberglandisiert«.

Bei »Nordlicht« gibt es eine bunte Vielfalt handgemachter Unikate – genäht, gestrickt, gemalt, geklebt oder gedruckt ... von Postkarten über Briefpapier bis hin zu Taschen, Schmuck und feinen Accessoires für ein schönes Zuhause. So wird zum Beispiel altes Silberbesteck mit Prägungen wie »Mr. Right« oder »Löffel für Papa« zum persönlichen Geschenk. Es sind kleine Details, die das Angebot außergewöhnlich machen: ob Notizbücher aus alten Kinderbüchern, Kochlöffel und Schürzen mit Aufdruck, Ohrringe mit dem Namen »Lieblingsstücke«, Badebücher, bunte Knöpfe, gehäkelte Drachen oder eine Box für Pixi-Büchlein.

frühstück inkl.

Adresse Osterstraße 12, 31785 Hameln, www.nordlicht-hameln.de | **Anfahrt** B 83 von der A 2 kommend folgen (sie wird zur B 217) und dann vom Osterwall rechts in den »Kopmanshof« abbiegen, hier gibt es ein Parkhaus | **Öffnungszeiten** Di – Fr 10 – 13 und 14 – 18 Uhr, Sa 10 – 14 Uhr | **Tipp** In Emmerthal, Amelgatzer Straße 26, befindet sich eine Manufaktur, die ebenfalls ein besonderes nordisches Produkt herstellt: Strandkörbe in allen Variationen (geöffnet Mo – Fr 10 – 17 Uhr).

55__Das Pfannkuchenhaus

Kantapper, kantapper kommt er auf den Tisch

»… und da lief der dicke, fette Pfannkuchen kantapper, kantapper in den Wald hinein …« Das will man hier nicht hoffen: dass einem der schöne Pfannkuchen vom Teller springt und nicht sofort verzehrt werden kann! In einem steinalten Haus im Zentrum Hamelns werden seit 1983 über 40 Arten süßer und deftiger Eierkuchen zubereitet und erfreuen die Besucher. Die dunklen Holztische sind liebevoll mit Tischdecken verschiedener Muster und Farben eingedeckt. Überall stehen zur Dekoration alte Tee- oder Kaffeekannen, Zuckerbecher und Milchkännchen. Es sieht ein bisschen so aus, als hätte da jemand in Antik-Läden gestöbert und zusammengesammelt, was ihm so gefällt. Auf diese Art entsteht eine besonders gemütliche Atmosphäre im Lokal.

Aber im Pfannkuchenhaus kann man nicht nur gemütlich essen; man kann auch etwas über Elsa Buchwitz erfahren. Sie nämlich hat seinerzeit nicht nur dieses Restaurant eröffnet. Ihrem beherzten Engagement ist es zu verdanken, dass das Haus aus dem Jahr 1620, in dem es sich heute befindet, überhaupt noch steht. In den 70er Jahren gab es sehr konkrete Pläne, weite Teile der Hamelner Altstadt abzureißen und neu zu bebauen. Man mag sich gar nicht vorstellen, was dieses Vorhaben Hameln angetan hätte! Elsa Buchwitz war Mitbegründerin einer Bürgerinitiative, die vehement dagegen demonstrierte. »Trümmer-Elsa« war der Spitzname, den die kämpferische Frau seinerzeit erhielt. Heute gibt es in Hameln auch eine Straße, die nach ihr benannt ist.

Dank ihr können hier, in einem der ältesten Häuser Hamelns, süße Pfannkuchen ganz klassisch mit Apfelmus und Zucker, Preiselbeeren, Walnuss oder auch Nutella serviert werden. Deftige Varianten gibt es zum Beispiel mit Lachs und Crème fraîche, Tomaten und Mozzarella oder hausgemachtem Sahnegeschnetzelten. Da ist ganz sicher für jeden Geschmack etwas dabei. Im Sommer gibt es Tische im netten Gartenhof.

Adresse Hummenstraße 12, 31785 Hameln | **Anfahrt** B 83 von der A 2 kommend folgen (sie wird zur B 217) und dann vom Osterwall rechts in den »Kopmanshof« abbiegen, hier gibt es ein Parkhaus | **Öffnungszeiten** Mo – So 11 – 22 Uhr, Reservierungen unter Tel. 05151/41378 | **Tipp** Gönnen Sie sich nach dem Essen einen »Rattenkiller«, den 50-prozentigen Kräuterlikör aus Hameln. Wenn Sie das Lokal verlassen, gehen Sie von der Hummenstraße aus in die Alte Marktstraße. Dort reihen sich schöne Fachwerkhäuser aneinander.

56 Die Raths-Apotheke

Vom Gott der Träume hin zum Medikament

Als Friedrich Wilhelm Sertürner 1821 die Raths-Apotheke zu Hameln erwarb, befand sie sich noch im aus der Weserrenaissance stammenden Hochzeitshaus. Deshalb ist dort an der Fassade, an der mehrmals am Tag ein Glockenspiel erklingt, heute ein Schild angebracht, das an ihn erinnert.

Friedrich Sertürner wurde im Jahr 1783 im nicht weit entfernten Neuhaus geboren. Während seiner Ausbildung zum Apotheker in Paderborn soll er schon fleißig nebenbei eigene naturwissenschaftliche Studien betrieben haben. 1804 gelang es ihm dann, aus getrocknetem Milchsaft des Schlafmohns Morphin zu isolieren. Sertürner hatte das Opiat an Hunden und Mäusen ausprobiert. Er nannte es wegen seiner einschläfernden Wirkung nach Morpheus, dem griechischen Gott der Träume, zunächst Morphium. Heute wird es in der Fachsprache mehrheitlich als Morphin bezeichnet.

Sertürners Versuch, diese Entdeckung in wissenschaftlichen Publikationen bekannt zu machen, erregte zunächst aber nur wenig Aufmerksamkeit. Erst mehr als zehn Jahre später fand eine erneute Publikation mehr Beachtung. Allerdings nicht in Deutschland, sondern in Frankreich, das damals als führend im Bereich der Chemie galt. Bald darauf entbrannte aber ein lang andauernder Streit darüber, ob es nicht einem französischen Forscher schon früher gelungen sei, Morphin herzustellen. Der Fall jedoch wurde am Ende zugunsten Sertürners entschieden.

1821 war er von Einbeck nach Hameln gezogen. Hier lebte, arbeitete und forschte er bis zu seinem Tod im Jahr 1841. Sertürner starb an der Gicht, deren Schmerzen er, wen wundert es, mit Morphin zu lindern versuchte. Heute sind in der Region einige Straßen nach ihm benannt und Denkmäler für ihn errichtet. Eine ganze Ausstellung ist Sertürner im Einbecker Museum gewidmet. Und in der Raths-Apotheke in Hameln, in die später sein Sohn Victor umzog, ist ihm zu Ehren eine Büste ausgestellt.

Adresse Osterstraße 51, 31785 Hameln | **Anfahrt** B 83 von der A 2 kommend folgen (sie wird zur B 217) und dann vom Osterwall rechts in den »Kopmanshof« abbiegen, hier gibt es ein Parkhaus | **Öffnungszeiten** Mo–Fr 8–18.30 Uhr, Sa 9–14 Uhr | **Tipp** Um 13.05, 15.35 und 17.35 Uhr öffnet sich am Hochzeitshaus eine bronzene Tür, und zum Glockenspiel stellen kleine Figuren die Rattenfängersage nach.

57 _Der Siebenlinge-Stein
Trauriges Andenken in wunderschöner Form

Er ist ziemlich leicht zu übersehen. Gibt es doch eine Reihe berühmterer Dinge in der hübschen Stadt. Zu entdecken ist er auf einem Rundgang um die Hamelner Marktkirche St. Nicolai. Dort befindet er sich etwas versteckt an einer Außenwand der Ostseite. Aus dem hellen Stein herausgearbeitet, sind sieben Kleinkinder dargestellt, alle fest eingewickelt in Stoffbahnen und straff gegürtet. Die Augen der winzigen Wesen sind geschlossen, das gibt ihnen noch ein wenig mehr das Aussehen kleiner Mumien. Zu ihren Seiten knien links ein Mann mit seinen Söhnen, auf der rechten Seite die Mutter mit ihren Töchtern, alle die Hände zum Gebet erhoben. Über ihnen steht das Kreuz.

Der Siebenlinge-Stein erinnert an eine traurige Geschichte, die sich neben der oftmals erzählten Sage über den Rattenfänger vor vielen Jahren in Hameln ereignete. Da wurden dem Thiele Römer und seiner Frau Anna Breyer am 9. Januar 1600 Mehrlinge geboren. Sie alle sterben nur elf Tage später, nicht ohne die Taufe erhalten zu haben. Die Kindersterblichkeit dieser Zeit ist hoch, mehr als die Hälfte erreicht das Alter von 14 Jahren nicht. Ob dem Paar wirklich sieben Kinder geboren wurden, ist nicht sicher. Manche Dokumente bezeugen die Geburt von Vierlingen, aber auch das kommt nur selten vor. Einige meinen auch, auf dem Stein seien alle Kinder zu sehen, die dem Paar im Laufe der Jahre insgesamt verstarben. So ganz genau ist all das nicht mehr zu erfahren, vieles ist Legende. Hamelns älteste Kirchenbücher datieren erst von 1623 an.

Aber die Familie trauerte, und zum Gedenken entstand ein wunderschönes Renaissance-Relief. Bei dem Stein, der hier an der Kirche zu sehen ist, handelt es sich allerdings nicht mehr um das Original. Dieses befindet sich heute im Heimatmuseum in der Osterstraße 9. Das Haus, in dem die Kinder einst geboren wurden, liegt in der Osterstraße 3.

Adresse Emmernstraße 6, 31785 Hameln | Anfahrt B 83 von der A 2 kommend folgen (sie wird zur B 217) und dann vom Osterwall rechts in den »Kopmanshof« abbiegen, hier gibt es ein Parkhaus | Tipp In unmittelbarer Nachbarschaft befindet sich die Skulptur »Öffnung des Eisernen Vorhanges« von Wolfgang Dreyssen aus dem Jahr 1992. Achten Sie auf die Banane!

58_ Der tugendhafte Fries

Neidköpfe und die toten Augen von Hameln

Betrachtet man das Leisthaus etwas genauer, schauen einem so viele Köpfe und weit aufgerissene Augen entgegen, dass man beinahe beginnt, sich zu fürchten. Von ganz oben blickt der vergoldete Neidkopf auf die Passanten herunter. Leicht zurückgesetzt in einer mit Ornamenten umrandeten Nische erhält er besondere Aufmerksamkeit.

Neidköpfe wurden seit frühesten Zeiten an Häusern angebracht, um deren Bewohner vor bösen Geistern zu schützen. Die sollten ihnen nichts neiden und sie in Frieden leben lassen. Das Leisthaus wurde 1589 für den Patrizier und Kornhändler Gerd Leist erbaut. Die Zahl ist über dem Neidkopf nachzulesen.

Es fällt nicht leicht, sich hier für ein Gebäude zu entscheiden, das die Weserrenaissance besonders repräsentiert. Was aber das Leisthaus so interessant macht, sind die vielen kleinen Details an der Fassade, die man entdecken kann. Nicht genug kann der Fries über den drei Fenstern im Erdgeschoss bewundert werden!

In sechs feinen Muschelgewölben sind nebeneinander die Tugenden zu sehen, die sich ein feiner Herr der mittelalterlichen Oberschicht wohl zum Leitbild genommen haben mag. Ganz links beginnt es mit der Treue, und daneben steht in einem grünen Gewand die Klugheit. Eine Frau mit zwei Kindern verkörpert die Barmherzigkeit, ihr Nachbar mit verbundenen Augen und Schwert und Waage in je einer Hand steht für die Gerechtigkeit. Dann folgt die Geduld mit sanftmütigem Lamm an ihrer Seite und als Letztes die Tugendhaftigkeit. Dazwischen sind kleine Engel und winzige Masken aus dem Stein herausgearbeitet. Alles fein und detailliert und in zarten Farben bemalt. Die Löwenköpfe schauen einen direkt an, und die Figuren aus dem Wappenstein gleich über dem Portal starren ebenfalls. Erwähnt werden soll außerdem die Statue der Lucretia; auch sie ein Sinnbild für Tugendhaftigkeit. Lucretia allerdings blickt in die Ferne.

Adresse Osterstraße 9, 31785 Hameln | **Anfahrt** B 83 von der A 2 kommend folgen (sie wird zur B 217) und dann vom Osterwall rechts in den »Kopmanshof« abbiegen, hier gibt es ein Parkhaus | **Tipp** Im Leisthaus und im danebenliegenden Stiftsherrenhaus ist das Museum der Stadt Hameln untergebracht (www.museum-hameln.de). Außerdem gibt es im Museumscafé leckeren Kuchen zur Auswahl!

59__Die Windmühle

Wo Wind und Wasser einst das Leben bestimmten

Fährt man mit dem Auto über die B 83 aus Hameln in Richtung Emmerthal, liegt auf der linken Seite nach kurzer Strecke ein hübscher, kleiner Ort, der Tündern heißt. Der Blick von der anderen Weserseite aus erinnert an ein Gemälde alter holländischer Meister. Grüne Wiesen, der Fluss und hinter dem Deich der zu Hameln gehörende Ortsteil mit seiner alten Windmühle. An ihr entlang verläuft auch direkt der Weserradweg.

Bei der Mühle in Tündern handelt es sich um einen sogenannten Erdholländer. Das heißt, sie ist ohne steinernes Erdgeschoss gebaut, und ihre Flügelenden bewegen sich nahe dem Erdboden. Die Kappe, ihr Dach sozusagen, an dem die Flügel befestigt sind, ist beweglich. Deshalb wird diese Art Mühle auch Kappendreher genannt. Errichtet wurde sie 1883, der Betrieb wurde in den 70er Jahren aufgegeben. Nach einem Blitzeinschlag im Jahr 1980 wurde sie erneut instand gesetzt. Heute kann man sie besichtigen und dabei einiges über ihre Geschichte erfahren. Zudem gilt die Mühle als begehrtes Fotomotiv.

Falls sich jemand fragt, warum die Straßen in Tündern manchmal seltsame Umwege nehmen – das liegt daran, dass hier einst drei Arme der Weser verliefen. Weil das Wasser immer wieder seinen Lauf änderte, wurden jedes Mal auch die Wege angeglichen. Es gab ja noch keinen schützenden Deich. Jobst-Heinrich Meyer, ein 1699 geborener Landwirt, sorgte dafür, dass er gebaut wurde. Von da an mussten sich die Dorfbewohner nicht mehr vor Hochwasser fürchten. Es heißt, der Mann sei so groß und stark gewesen, dass er sogar ein Pferd tragen konnte. Es gibt auch eine Straße in Tündern, die nach ihm benannt wurde.

Auf dem Wappen des Ortes ist zu erkennen, was in früheren Zeiten Tünderns Leben bestimmte: Dort sind auf der linken Seite auf blauem Grund die Wellen der Weser zu sehen, und rechts leuchtet eine goldene Schafgarbe.

Adresse Windmühlenweg 18, 31789 Hameln-Tündern, Ansprechpartner: Karl Lampe unter Tel. 05151/41655 | **Anfahrt** B 83 bis nach Emmerthal, durch Emmerthal fahren und dann über die Weser links in Richtung Tündern | **Tipp** Tolle Torten gibt es in »Sanne's Kaffeestuuv« in der Karmisolstraße 2 (Tel. 05151/9619960, geöffnet Mi – So April – Sept. 12 – 19 Uhr und Okt. – März 14 – 18 Uhr).

60 Das Fachwerk-Ensemble
Von Kehlen und Knaggen

Ganz Hann. Münden ist ein Schatzkästchen! In jenem Ort, in dem aus zwei Flüssen die Weser wird, reihen sich prächtige Fachwerkhäuser eng aneinander. Über eine Million Tagesgäste kommen jährlich, um die Drei-Flüsse-Stadt und ihre Architektur zu bewundern. Nur selten lässt sich die Vielfalt der niedersächsischen und hessischen Holzständerbauweise so konzentriert betrachten wie hier in der Altstadt. Bei dieser Bauweise bilden Holzbalken die horizontalen Träger, in die dann senkrecht die Ständer gesteckt werden. Anschließend setzt man waagerechte oder schräge Streben ein, die Zwischenräume werden mit Holzgeflecht und Lehm gefüllt und danach verputzt.

Beginnen Sie mit einem Spaziergang die Lange Straße entlang, die insgesamt ein beeindruckendes Ensemble bildet. Bei der Hausnummer 29 handelt es sich um ein stattliches Bürgerhaus, das Mitte des 16. Jahrhunderts von einem Großkaufmann errichtet wurde. An Nummer 71 kann man die Schiffskehlen und Knaggen so schön betrachten. Und das sogenannte Marmorhaus findet sich unter der Hausnummer 82. Vor 40 Jahren wurde seine Fassade vom Putz befreit, und hervor kam überraschend eine Malerei, die Marmor vortäuschen sollte. Am Gebäude mit der Nummer 79 fällt einem gleich die Holzstatue eines Mannes mit einer langen Spritze in der Hand ins Auge. Das ist der berühmte Handwerkschirurg und Wundarzt Doktor Eisenbart, der in Hann. Münden starb, und zwar in einem Haus, das früher genau an ebendieser Stelle stand.

Eine jüdische Schule befand sich einst in der Straße Hinter der Stadtmauer 23, der Kern des Gebäudes stammt aus dem 16. Jahrhundert. Und der Kasseler Schlagd an der Ecke zur Tanzwerderstraße ist ein circa 220 Meter langer Straßenzug mit Fachwerkgebäuden, die am Ufer der Fulda liegen. In der Ritterstraße 1 sollte man nicht nur das Gebäude bewundern, sondern unbedingt auch den dortigen Käsefeinkost-Laden betreten!

Adresse Lange Straße 29, 71, 79 und 82, Hinter der Stadtmauer 23 und Ritterstraße 1, 34346 Hann. Münden | **Anfahrt** über die B 496 in Richtung Altstadt, abbiegen auf Kasseler Schlagd, 1. links auf die Insel Tanzwerder fahren, auf dem Unteren Tanzwerder befindet sich ein großer Parkplatz, von hier aus ist alles fußläufig erreichbar | **Tipp** Gästehaus Tanzwerder: Das aus dem Jahr 1564 stammende Gebäude wurde 2003/04 sorgsam saniert, so entstand eine Reihe schöner Ferienwohnungen.

61__Das Kirchencafé

Im Namen Gottes

Selbst wenn dem Besucher bewusst ist, was ihn drinnen erwartet, beschleicht ihn ein äußerst seltsames Gefühl, wenn er das Café Aegidius betritt. Zwar weisen Schilder unmissverständlich auf das Café hin, aber es befindet sich eben in einem Kirchenbau. Statt Ruhe und Besinnlichkeit erwarten einen in diesem ehemaligen Gotteshaus Stimmengewirr und Kaffeegeruch.

Die alte Kirche hat schon einiges erlebt: Sie wurde im 13. Jahrhundert erbaut und war das älteste Gotteshaus der Stadt. Seit dem 19. Jahrhundert hatte sie immer wieder mit finanziellen Nöten zu kämpfen, bis sie schließlich mit St. Blasius vereint und wieder Eigentum der Stadt wurde. 2008 kaufte Bernd Demandt das Gebäude, genauso wie das gegenüberliegende Hotel. Er hatte die Idee, hier ein Café einzurichten. Ruhig sollte es sein, keine Trinkgelage geben, sondern Charakter und Botschaft erhalten. Obwohl vielerorts schon seit einigen Jahren über den Umbau von Kirchen für eine andere Nutzung aufgrund rückläufiger Besucherzahlen diskutiert wird, ist dieses Café eine Rarität. Es gibt Kirchen, in denen sich jetzt eine Pension oder Wohnungen befinden oder die in eine Bibliothek umgewandelt wurden, aber Kirchen mit Kaffeeausschank und Kuchentheke wie in Hann. Münden sollte man sich nicht entgehen lassen. Vor allem, weil eigentlich gar nicht so viel verändert wurde und wesentliche Details erhalten sind: die Kirchenbänke, die Empore, der Altarraum oder die aus Holz geschnitzten Figuren. Dazwischen befinden sich jetzt Tische, Sessel, Kerzenleuchter, Barhocker oder Kaffeegedecke. Das Kirchenschiff wurde rot gestrichen. Am Ende befinden sich Tresen und Theke. Hier gibt es Frühstück, kleine Snacks, Kaffee und Kuchen.

Es ist lebendig in der alten Aegidius-Kirche. Die neue Funktion des Gotteshauses scheint auf Zustimmung zu treffen. Hierher kommen nun die Menschen, um sich zu entspannen und zu unterhalten.

Adresse Café Aegidius, Aegidiiplatz 1, 34346 Hann. Münden, www.cafe-aegidius.de, Tel. 05541/3476688 | **Anfahrt** von der A 7 über die B 496 (Kasseler Straße), rechts in die Straße Am Feuerteich, 3 Mal links abbiegen (Wilhelmstraße, Beethovenstraße, Burgstraße), dann liegt rechts der Aegidiiplatz | **Öffnungszeiten** Mi – Mo 9 – 18 Uhr | **Tipp** Direkt neben dem Seiteneingang der Kirche befindet sich das Grab des berühmten Arztes Dr. Eisenbart. Und in der Lange Straße gibt es einen genialen Käse-Laden: die »Käse Ecke« von Veronika Bode.

62 — Der Tanzwerder

Ursprung der Weser

Dort, wo sich die Quellflüsse der Weser – Werra und Fulda – küssen, liegt die Flussinsel Tanzwerder. Hier ist der Ursprung der Weser, die bis in die Nordsee fließt. Es ist ein ungewöhnlicher Ort, da Flüsse häufig zwar ineinander übergehen, sich aber selten treffen. Und er ist romantisch, weil man das Rauschen der beiden Flüsse hört, während man der Strömung und Kraft des Wassers zusieht. Am Abend verzaubern Lichter die Uferstraßen. Eine Staustufe reduziert die Wucht der Fulda. Darüber verläuft eine Fußgängerbrücke ins Zentrum des hübschen Ortes.

Auf dem Tanzwerder befindet sich ein Gedenkstein, der über die Geschichte der kleinen Insel im Fluss informiert, die sich in Oberen und Unteren Tanzwerder aufteilt. An der nördlichen Spitze des Unteren Tanzwerder steht unter einer Kastanie der berühmte Weserstein mit dem Spruch »Wo Werra sich und Fulda küssen / Sie ihren Namen büssen müssen / Und hier entsteht durch diesen Kuss / Deutsch bis zum Meer der Weserfluss«. Er wurde am 31. Julius 1899 aufgestellt. Der Mündener Fabrikant Carl Natermann hatte den 70 Zentner schweren Quarzit, der aus den Wäldern der Gegend stammt, in Auftrag gegeben.

Auf dem Tanzwerder fanden schon seit dem Mittelalter Veranstaltungen wie Vogelschießen, Volks- und Heimatfeste oder Zirkusvorstellungen statt. Ende des 19. Jahrhunderts begann hier die Personenschifffahrt, die Linien-, Rund- oder Themenfahrten bietet. Erst seit einigen Jahren gibt es den Interkulturellen Garten: Ein kleines Stück der Halbinsel wurde von Bürgern der Stadt unterschiedlicher Herkunft gemeinsam angelegt – mit Pflanzen, die im Koran und in der Bibel zu finden sind.

Die Abkürzung »Hann. Münden« ist übrigens seit 1991 amtlich. Vorher kam es zuweilen zu Verwechslungen mit Minden, der nördlichsten Stadt im Weserbergland, oder es hörte sich wie ein Stadtteil von Hannover an.

Adresse Oberer und Unterer Tanzwerder, 34346 Hann. Münden | **Anfahrt** über die B 496 in Richtung Altstadt, abbiegen auf Kasseler Schlagd, 1. Möglichkeit links auf die Insel Tanzwerder fahren | **Tipp** In der Mühlenstraße 11 liegt die »Ketty Eismanufaktur & Café«. Speziell sind das Ambiente und die Namen der Eisbecher, das Eis ist vegan und laktosefrei – und definitiv Geschmacksache. Und in der Lange Straße 70 gibt es einen leckeren Schokoladenladen: Chocolata. Unbedingt das weiße Eiskonfekt mit Eierlikör probieren.

63__ Die klösterliche Oase

In der Ruhe liegt die Kraft

Bursfelde liegt wunderschön in die Landschaft geschmiegt, und der kleine Fluss Nieme mündet genau an dieser Stelle in die Weser. Zum Wasser hin rechter Hand umgeben alte Bäume die Klosteranlage, links liegt eine historische Häuserzeile. Alles ist eingebettet in die weichen Hügel des Bramwaldes. Ein reizvolles Fleckchen, das man gern besucht. Ständige Bewohner gibt es heute nur insgesamt 40. Aber das einstige Benediktinerkloster Bursfelde bildet einen starken Anziehungspunkt und veranstaltet regelmäßig Seminare, Meditations- und Exerzitien-Tage. Zahlreiche Menschen kommen immer wieder hierher, um den Ort, die Stille und die innere Einkehr zu genießen. Den Mitarbeiterinnen und Mitarbeitern des heutigen Geistlichen Zentrums ist es wichtig, den benediktinischen Geist lebendig zu halten. Dazu gehört unter anderem die Vesper, die jeden Abend um 18 Uhr in der Klosterkirche abgehalten wird. Die romanische Kirche mit ihren wunderbaren Wandmalereien ist jeden Tag ab 8 Uhr morgens für alle Besucher geöffnet, das ist heute keine Selbstverständlichkeit.

Auch ein Pilgerweg verläuft durch Bursfelde. Vom Kloster Loccum bei Nienburg bis hin zum Kloster Volkenroda in Thüringen geht es auf rund 300 Kilometern vorbei an zahlreichen Baudenkmälern. Dem Wegweiser mit dem Loccumer Zisterzienserkreuz begegnet man immer wieder im Weserbergland.

Vor allen Dingen für diese Pilger gibt es in Bursfelde in einer einstigen Scheune insgesamt 20 einfache Plätze zum Schlafen. Weil das Gebäude in der kalten Jahreszeit nicht ausreichend geheizt werden kann, geht die Saison allerdings nur von Ostern bis Ende Oktober.

Im Sommer kommt manch einer mit dem Kanu die Weser entlanggepaddelt. Unterhalb des Klosters befindet sich eine der vielen Anlegestellen. Hat man die Kanus an Land gezogen, lädt das Restaurant Klostermühle am Ortseingang zu einer Pause ein.

Adresse Bursfelde, 34346 Hann. Münden-Bursfelde | **Anfahrt** A 7 Ausfahrt Hann. Münden, dann auf B 3 in Richtung Göttingen, hinter der Weserbrücke links in Richtung Lippoldsberg über Hemeln nach Bursfelde | **Öffnungszeiten** Klosterkirche ganzjährig 8 – 18.30 Uhr, an den Wochenenden von April – Okt. gibt es Freiwillige, die Auskünfte geben | **Tipp** Möchte man in der Gegend übernachten, bietet sich ebenfalls die Klostermühle an (Tel. 05544/91070 oder unter info@klostermuehle-bursfelde.de).

64 Das Tal der Nieme

Immer am plätschernden Flüsschen entlang …

Ein landschaftlich besonders schönes Gebiet erstreckt sich am kleinen Flüsschen Nieme von Dransfeld über Löwenhagen in Richtung Kloster Bursfelde. Die Strecke macht schon im Auto die Niemetalstraße entlang Freude. Man tuckert vorbei an Erlen, Eichen und Hainbuchen des Bramwaldes, unten fließt die Nieme, und davor erstrecken sich in ihren Niederungen saftige grüne Wiesen. Noch reizvoller ist es selbstverständlich, das Auto stehen zu lassen und eine Wanderung direkt am Wasser entlang zu unternehmen. Von Bursfelde aus geht es über sieben Kilometer bis hin nach Löwenhagen. Mit ein bisschen Glück soll man Eisvögel und Wasseramseln entdecken. Oder, noch seltener, einen Schwarzstorch, der auf der Suche nach Futter fischt. Das Niemetal zählt heute zu den schönsten und unberührtesten Seitentälern der Oberweser.

Die Nieme ist ein Mittelgebirgsbach, der auf der Dransfelder Hochfläche entspringt und nach 14 Kilometern in die Weser mündet. Seit dem Mittelalter wurde der kleine Fluss wirtschaftlich genutzt. Damals gab es an die zehn Glashütten und Mühlen, die hier Energie für Sägewerke und Eisenschmieden gewannen. Anschließend folgte intensive Landwirtschaft. Seit einigen Jahren wird eine Reihe von Naturschutzmaßnahmen durchgeführt, um das Niemetal wieder zu einem natürlichen Lebensraum für Pflanzen und Tiere werden zu lassen. Dabei ist man bemüht, Nasswiesen, mäandrierende Wasserläufe und artenreiche Wiesen zu erhalten oder wiederherzustellen. Der Mündungsbereich der Nieme wurde wieder in seinem natürlichen Verlauf an die Weser angeschlossen. Auch Fische können seitdem ohne künstliche Hindernisse von der Weser in die Nieme wandern.

An der Dorfeiche vor dem Kloster Bursfelde nimmt der Klaus-Bahlsen-Pfad seinen Anfang. Dort kann man sich auf dem einen Kilometer langen Rundweg ein Bild vom Renaturierungsprojekt machen.

Adresse 34346 Hann. Münden-Bursfelde, der Nieme-Wanderweg ist parallel zum Pilger-weg extra gekennzeichnet | **Anfahrt** B 3 in Richtung Hann. Münden, in Dransfeld in den Imbser Weg Richtung Löwenhagen und Bursfelde, hinter Löwenhagen wird die Straße zur Niemetalstraße | **Öffnungszeiten** Führungen bietet das Forstplanungsbüro Niehaus-Umwelt-Consulting an, Tel. 05544/940819 | **Tipp** Von Bursfelde knappe drei Kilometer entfernt liegt die Burgruine Bramburg, die man besichtigen kann.

65 Die Kaffeewirtschaft

Eine Perle an der Weser

Gleich beim Betreten des großzügigen Vestibüls kann man es spüren: Die Kaffeewirtschaft im kleinen Hehlen ist ein Kleinod in der Region. Einige Restaurants hier sind mit der Zeit doch ein wenig in die Jahre gekommen. Die Kaffeewirtschaft bildet da eine sehr erfreuliche Ausnahme. Lassen Sie sich nicht vom Namen in die Irre führen. Hier gibt es nicht nur sehr guten Kaffee und hausgebackenen Kuchen, auch feines Essen spielt eine wichtige Rolle!

Der Boden im Eingang und vor der zentralen Theke des Lokals ist mit schönen schwarz-weißen Fliesen gekachelt, so wie man sie aus alten Küchen kennt. Das passt gut, weil wir uns im einstigen Wirtschaftsgebäude des nebenan liegenden Schlosses Hehlen befinden. Imposante Kronleuchter hängen von der Decke, die Tische sind stilvoll eingedeckt. Die Einrichtung erinnert an modernen Landhausstil. An der schönen Theke fallen einem gleich die großen Tüten mit den drei Mohrenköpfen ins Auge. Sie stellen das Logo der traditionellen Kaffeerösterei »Machwitz« aus Hannover dar und sind nicht ganz zufällig an diesem Ort. Jörg Walter Koch nämlich, der die Rösterei einst leitete, war derjenige, der das Anwesen im Jahr 1958 restaurierte. Auch heute können in der Kaffeewirtschaft jederzeit frisch geröstete Bohnen für den privaten Bedarf erworben werden.

Die Kaffeewirtschaft verdankt sowohl ihr heutiges Aussehen als auch die Qualität ihrer Speisen dem Gastronomen Oliver Ahlborn und seiner Frau Gaby Schwarz. Sie waren immer wieder an den Wochenenden hierhergekommen, weil sie den Ort so schön fanden. Der Traum des Paares war es, die Kaffeewirtschaft einmal selbst zu betreiben. Dieser ist 2014 in Erfüllung gegangen. Davon profitieren heute die Gäste. Bei sonnigem Wetter lässt man es sich am besten draußen auf der großen Terrasse gut gehen. Nebenan auf der Wiese grasen Schafe, und ab und an tuckert ein Boot den Fluss entlang.

Adresse Kaffeewirtschaft Schloss Hehlen, Schloßstraße 2, 37619 Hehlen, Tel. 05533/409154, www.die-kaffeewirtschaft.de | **Anfahrt** von Hameln über die B 83 in Richtung Holzminden, Hehlen liegt etwa auf halber Strecke kurz vor Bodenwerder | **Öffnungszeiten** Do und Fr 14 – 23 Uhr, Sa und So 12 – 23 Uhr | **Tipp** In Hehlen steht eine sehr schöne, 1699 fertiggestellte Kirche. Sie gehört zu den ersten protestantischen Zentralraumkirchen Deutschlands.

66 Das Heimatmuseum

Mit dem Ufer von Heinsen vertäut

Das kleine Dorf Heinsen liegt an einer landschaftlich herrlichen Stelle. Vom Stollenberg aus, der zum Gebiet des Ortes gehört, kann man gleich mehrere Weserschlingen überblicken. Auf der anderen Seite liegt das Naturschutzgebiet Heinsener Klippen. Die direkte Lage am Fluss lässt erahnen, was hier in früheren Zeiten für viele Bewohner die Hauptrolle spielte: die Schifffahrt, das Flößen und die Fischerei. Auch das Wappen, das von einem Anker geschmückt ist, spiegelt diese Verbindung wider. Nah am Fluss stehen in einer Linie niedliche Fachwerkhäuser nebeneinander, sie sehen aus wie auf eine Schnur gezogen. Flaggen flattern im Wind, und gleich daneben liegt ein Nachbau des letzten Lattenschiffes, das hier im Ort entstand. Lattenschiffe wurden früher auf der Weser häufig zum Futtertransport eingesetzt.

Noch einiges mehr dazu kann man im Heimatmuseum erkunden. Es befindet sich im Dorfschulhaus aus dem Jahr 1796. Hier gibt es viele Informationen über die einstige Lebensader des Weserberglandes. Denn als es noch keinen Schienenverkehr oder Lastwagen gab, war es viel einfacher, schwere Lasten zu Wasser als über Land zu befördern. Wichtiges Produkt des waldreichen Weserberglandes war immer das Holz. Dieses wurde meist geflößt. Und dann gab es natürlich den Oberkirchener Sandstein, der oft bis nach Bremen verschifft werden musste. Modelle der Schiffe, die einst die Weser befuhren, stehen im kleinen Museum in Heinsen in den Vitrinen. Die Ausstellungsstücke vermitteln einen Eindruck, wie es früher hier am Ufer zuging. Man erfährt etwas über das Treideln, kann alte Schifferpatente bewundern oder sich ansehen, welches Werkzeug ein Flößer nutzte.

Dazu kann man sich über Landwirtschaft und die Entwicklung des Ortes informieren. Wie so viele kleinere Ortschaften in ländlichen Gebieten schrumpft auch Heinsen. Also, nichts wie Leinen los und den hübschen Flecken besuchen!

Adresse Weserstraße 22, 37649 Heinsen, Tel. 05535/604 oder 343 | **Anfahrt** von Holz-minden knapp 10 Kilometer über die B 83 in Richtung Bodenwerder | **Öffnungszeiten** Mai – Okt. So ab 15 Uhr, für Gruppen können auch andere Zeiten vereinbart werden | **Tipp** Eine Fähre verbindet Heinsen vom 1. April bis Anfang Oktober mit dem Weserradweg. Die genauen Zeiten kann man unter www.weserbergland-tourismus.de/urlaubsregion/faehren nachlesen.

67 Der Hohenstein

Eine »aussichtsreiche« Wanderung

Das Weserbergland ohne den Hohenstein, das ist beinahe schon so wie die Weser ohne Wasser! Der Ausblick von hier oben ist einfach sensationell, und die verschiedenen Formen des Gesteins sind beeindruckend. Die Felsen und Felswände dieses Hochplateaus erheben sich 40 Meter über dem darunterliegenden Tal und fallen am Rande steil ab, das macht sie so spektakulär.

Die Klippen des Hohensteins tragen anschauliche Namen: »Grüner Altar«, »Hirschsprung«, »Eibenwand«, »Kreuzstein« und »Teufelskanzel«.

Ein gut befestigter Wanderweg verläuft nahe der Pappmühle. Die liegt, seit der Hohenstein schon 1952 als Naturschutzgebiet ausgewiesen wurde, in absolut ruhiger Lage. Am Wanderparkplatz Kreuzsteinquelle kann man bequem parken und gleich loslaufen. Erst führt der asphaltierte Forstweg in Richtung Hohenstein. Begleitet wird ein Teil der Strecke vom Plätschern des Blutbachs. Er mäandert wunderschön durch die Landschaft.

Dann stößt man auf die Baxmannbaude. Auf einem Schild dort steht, dass nun noch 1,2 Kilometer zum Hohenstein zu gehen sind. Auf 340,5 Meter über dem Meeresspiegel erhebt sich der Berg, der übrigens zum westlichen Süntel gehört. Die Beschilderung ist ausgezeichnet, und die Wege sind ebenfalls in gutem Zustand.

Oben angelangt, läuft man an einem steinernen Tisch vorüber, auf dessen Platte eine Karte mit Wegen und Aussichtspunkten eingeritzt ist. Und dann tut sich der weite Blick auf. Einige Wanderer sitzen mutig am Felsrand und lassen die Beine nach unten baumeln. Apropos: Gesichert ist hier oben nichts. Das sollte man bedenken, wenn man mit Kindern unterwegs ist. Alle genießen die Aussicht, und unten schlängelt sich die Weser durchs Tal. Die Felsen des Hohensteins bestehen aus grauem Kalkstein des oberen Jura, dem sogenannten Korallenoolith. Kletterer haben diese Felsformationen längst für sich entdeckt.

Adresse 31840 Hessisch Oldendorf | **Anfahrt** von der B 83 über L 423 Richtung Coppen-büge, dann links auf Krückeberg, wird zu Am Blutbach, durch den Ortsteil Zersen in die Kneippstraße bis zum Wanderparkplatz Kreuzsteinquelle | **Tipp** Ganz in der Nähe, in der Riesenbergstraße 2a, liegt die Schillat-Höhle, Deutschlands nördlichste Tropfsteinhöhle. Hier gibt es außerdem ein Landfrauen-Café (www.schillathoehle.de/de/home).

68__ Der höchste Wasserfall

Wo nicht nur die Wälder rauschen

Durch das kleine Örtchen Langenfeld fließen der Höllenbach und ein kleinerer Zufluss, der keinen Namen trägt. In der Nähe der Höllenmühle fällt der Höllenbach als »Großer Langenfelder Wasserfall« in die Tiefe. Seit Eröffnung der Schillat-Höhle kommen immer mehr Menschen, um ihn zu sehen. Aber der Wasserfall gilt nach wie vor als ein kleiner Geheimtipp. Mit seinen 15 Meter Fallhöhe zählt er zwar nicht zu den imposantesten in Deutschland, aber immerhin ist er damit der größte Wasserfall Niedersachsens. Er liegt im Gebiet des Hohensteins, das zum Süntel-Gebirge gehört. Im frühen Sommer und im Herbst, den Zeiten, in denen in der Regel der meiste Niederschlag fällt, führt der Höllenbach viel Wasser. Das sorgt für ein eindrucksvolles Naturschauspiel. Oder man wartet auf den ersten klirrenden Frost und bestaunt dann die bizarren Eisgebilde, die nun aus dem fließenden Wasser entstanden sind.

An den Fuß des Wasserfalles zu gelangen ist nicht ganz leicht und erfordert zumindest solides Schuhwerk und Klettererfahrung! Viel komfortabler und schöner ist es, die etwa vier Kilometer von Rohdental hierher zu wandern und das Schauspiel dann von der nahen Höllenmühle aus zu betrachten. Dabei startet man am Parkplatz und läuft den »Schneegrund« genannten Wanderweg durch einen Laubwald. Oder man parkt sein Auto oberhalb der Höllenmühle und folgt von dort aus den Schildern, die zum circa 500 Meter entfernten Wasserfall führen. Die Mühle übrigens war bis 1922 in Betrieb und wird heute bewohnt. Gleich daneben steht ein niedliches Häuschen, das an Urlauber vermietet wird. Das Rauschen des Wasserfalles ist von dort aus sicher zu hören. Der Weg führt noch ein kleines Stück an den Häusern vorbei wieder nach oben. Hier hat man eine gute Sicht auf das herabstürzende Wasser. Es ist geplant, an dieser Stelle eine Aussichtsplattform für Besucher zu errichten.

Adresse Zur Höllenmühle, 31840 Hessisch Oldendorf-Langenfeld | **Anfahrt** von Hessisch Oldendorf aus der L 434 Richtung A 2 folgen, rechts auf Langenfelder Straße abbiegen, nach circa 2 Kilometern links halten auf Riesenberger Straße, an der Dachtelfeldstraße rechts liegt ein Wanderparkplatz | **Tipp** Sie möchten mal an einem Wasserfall übernachten? Das Ferienhaus nebenan ist renoviert und nett hergerichtet (Tel. 05752/7234, www.hoellenmuehle.de).

69 Das Liebesschloss

Zeichen ewiger Treue

Ein riesiges Vorhängeschloss steht im Innenhof des »Dornröschen-schlosses Sababurg«. Es ist zwei Meter breit und drei Meter hoch. Kaum vorstellbar, welche Größe der dazu passende Schlüssel haben müsste.

Das sogenannte Liebesschloss hat das Märchenpaar »Dornrös-chen und Prinz« zum 200. Hochzeitstag geschenkt bekommen. Das war 2013. In dem Jahr wurde das 200-jährige Jubiläum der Brüder-Grimm-Märchen gefeiert. An vielen Stellen wurde an die unvergess-lichen Kinder- und Hausmärchen von Jacob und Wilhelm Grimm erinnert. Ob Sababurg, Trendelburg, Bad Karlshafen, Bökendorf, Brakel, Fürstenberg oder Hann. Münden – sie alle erzählten von deren Spuren.

Die Anlage in Sababurg wird bereits seit Ende des 19. Jahrhun-derts als Märchenschloss bezeichnet. Damals war es eine wildroman-tische Schlossruine, die in einen tiefen Schlaf gefallen war. Bis diese zu neuem Leben erweckt wurde, aber die verwunschene und wunder-volle Romantik glücklicherweise beibehielt. Umgeben von hohen, mit Kletterpflanzen bewachsenen Mauern, einem Schlossgraben, Wiesen und Feldern liegt das Schloss im Weserbergland. Es fällt nicht schwer, sich die Geschichte von Dornröschen hier vorzustellen: wie Köche, Mägde und die Prinzessin selbst in einen tiefen Schlaf fielen und schließlich von einem Prinzen wieder zum Leben erweckt wurden.

Das Mega-Vorhängeschloss schenkte ein Verehrer dem Königs-paar am Tag des Kusses, der jedes Jahr weltweit am 6. Juli begangen wird. So wurde es zum Liebesschloss und steht fest und mit seinen 400 Kilo Gewicht kaum verrückbar an seinem Platz. Seitdem dürfen Verliebte aus nah und fern ihre eigenen kleinen Liebesschlösser am Gitter der Palasttreppe anbringen, die sich direkt daneben befindet. Die Schlüssel der kleinen Liebesschlösser werden anschließend in das riesige Schlüsselloch des Liebesschlosses geworfen. So soll sym-bolisch die ewige Liebe besiegelt werden.

Adresse Dornröschenschloss Sababurg, Im Reinhardswald, 34369 Hofgeismar-Sababurg, Tel. 05671/8080, www.dornröschenschloss-sababurg.de | **Anfahrt** von Hann. Münden kommend über die B 80 bis Veckerhagen und dann links auf die L 3229 abbiegen, die nächste Möglichkeit rechts Richtung Reinhardshagen und der Straße folgen | **Tipp** Unterhalb des Schlosses findet im September ein Mittelalterfest statt. Und der das Schloss umgebende Reinhardswald ist wunderschön und einsam: mit uralten Eichen, hohen Farnen und Hutewaldflächen.

70__Die Duftstelen

Hier liegt was in der Luft

Falls Sie bei einem Spaziergang durch Holzminden den Eindruck haben sollten, dass es duftet, könnten Sie damit richtigliegen. Der Ort ist Sitz eines der weltweit größten Unternehmen für Duftstoffe. Und diese spielen hier bereits seit 1874 eine große Rolle. In jenem Jahr nämlich gelingt es dem Chemiker Wilhelm Haarmann gemeinsam mit Ferdinand Tiemann, den Aromastoff Vanillin synthetisch herzustellen. Im selben Jahr noch gründen die beiden die erste Riechstofffabrik der Welt. Vanillin ist heute mengenmäßig der wichtigste Aromastoff überhaupt, und es kann darüber hinaus kostengünstig produziert werden. Wir kennen es vor allen Dingen in Zucker, Backwaren und Eis oder als Duftstoff für Parfüms.

Wilhelm Haarmann zählt zeitweise zu den reichsten Männern im noch jungen Deutschen Reich. In Höxter lässt er sich eine prächtige Villa errichten. Von dort aus fährt er bis ins hohe Alter jeden Morgen in einer Kutsche ins nahe Holzminden zu seiner Fabrik. Der »König der Düfte« unternimmt eine ganze Reihe von Reisen, auf denen er seiner Nase folgt. Er ist immer auf der Suche nach neuen Duftstoffen.

Die Besucher Holzmindens können ihrer eigenen Nase folgen. Die Stadt hat an verschiedenen Orten Stelen aus Edelstahl aufgestellt. Lüpft man deren Deckel mit dem roten Knauf, kann man verschiedenste Aromen erschnuppern. Dann duftet es nach Pfefferminze und Fichtennadel, Weihrauch oder Bratzwiebel. In der Fußgängerzone am Duftbrunnen riecht es nach Geranie. Am Markt steht eine Stele, die einen gerade modernen Duft verströmt. Schließlich verändern sich die Geschmäcker.

An jeder Stele erfährt man etwas über die jeweiligen Gerüche. Gleichzeitig wird auf Sehenswürdigkeiten hingewiesen, die sich in der Nachbarschaft befinden. Und wenn Ihnen ein Duftstoff besonders gut gefällt, können Sie ihn im Stadtmarketing-Büro, in kleine Fläschchen abgefüllt, erwerben.

Adresse Stadtmarketing-Büro, Markt 2, 37603 Holzminden | **Anfahrt** die B 64 verläuft fast bis ins Zentrum Holzmindens, Parkplätze gibt es unter anderem am gegenüberliegenden Weserufer | **Öffnungszeiten** im Sommer Mo–Fr 10–17 Uhr, Sa 10–13 Uhr, im Winter Mo–Fr 10–16 Uhr, Sa 10–13 Uhr, »Dufte Stadtführungen« unter Tel. 05531/992960 oder info@stadtmarketing-holzminden.de | **Tipp** Jährlich im Sommer findet in Holzminden der »Bunte Markt der Düfte und Aromen« statt.

71___Das Moor

Natürliche Schönheit

Wenn das Wollgras blüht, ist es besonders schön im Hochmoor Mecklenbruch bei Holzminden. Im Normalfall ist das von April bis zum Sommer. Dann schweben die Wollgrasblüten über dem Moor gemächlich davon. Das Naturschutzgebiet bei Silberborn ist das größte Hochmoor im Solling. Schon 1575 wurde es als »Mekelenbroik« erwähnt, was so viel wie großer Bruch bedeutet.

Über Tausende von Jahren ist das Moor gewachsen. Mit dem Abbau des Torfes, der als Brennstoff vor allem für die nahe liegende Glashütte gebraucht wurde, begann die Zerstörung dieses außergewöhnlichen Lebensraumes, der sich durch besondere Tiere und Pflanzen auszeichnet. Zur Torfgewinnung wurden Drainagen und Gräben gelegt, sodass das Hochmoor allmählich austrocknete und die typischen Pflanzen verdrängt wurden. Seit Jahren bemüht sich nun die Region um die Renaturierung der Flächen, um die natürlichen Gegebenheiten für die charakteristischen Pflanzen und Tiere eines Hochmoores wiederherzustellen. Das wird zwar noch einige Jahrzehnte dauern, aber es gibt bereits Veränderungen, die dazu führten, dass das Wasser wieder großflächig gehalten werden kann.

Vom Wanderparkplatz Mecklenbruch führt ein landschaftlich reizvoller Weg an Weiden und Feldern vorbei. Hier ist das »Rote Höhenvieh« angesiedelt worden, weil die Rinder besonders anspruchslose Gesellen sind und gleichzeitig zur Erhaltung der Wiesen beitragen. Die werden nicht gedüngt und sind somit wiederum gut für die Ernährung und schließlich das Fleisch der Rinder.

In und durch das Hochmoor Mecklenbruch führt ein langer Holzsteg. Es geht entlang der Feuchtwiesen zu einem Aussichtsturm, vorbei an kleinen Tümpeln, Wollgras- oder Moosfeldern. Am Rande wachsen junge Birken. Vereinzelt sind Skulpturen zu sehen. Im südlichen Teil sollen Exmoorponys und weitere Rinder angesiedelt werden. Eine Regeneration des Hochmoores ist hier nicht mehr möglich.

Adresse Mecklenbruch, 37603 Holzminden | **Anfahrt** über die B 497 Richtung Neuhaus im Solling, abbiegen in die Angerstraße nach Silberborn, direkt hinter dem Ort befindet sich links der Wanderparkplatz Mecklenbruch | **Öffnungszeiten** Führungen Mai–Okt. auf Anfrage bei der Touristik-Information Hochsolling, Tel. 05536/1011, info@hochsolling.de | **Tipp** Im Solling liegt ein weiteres Moor und Naturschutzgebiet, welches jedoch nicht über Laufstege, sondern über einen Rundweg zu erkunden ist: das Friedrichshäuser Bruch. Es liegt nicht weit entfernt zwischen Silberborn und Sievershauen.

72__Die Brauerei Allersheim

Besichtigung mit Verkostung

Allersheimer Bier ist das bekannteste und am weitesten verbreitete Bier aus dem Weserbergland. Die Brauerei, deren Verwaltungssitz sich in einem historischen Backsteingebäude befindet, blickt auf eine lange Tradition zurück. Bei einer Besichtigung werden das Sudhaus (mit den Kesseln, in denen Hopfen und Malz gekocht werden), der Gärkeller und die Flaschenabfüllanlage gezeigt. Im Anschluss findet eine Verkostung im rustikalen Gewölbekeller statt. Dazu wird Brot, Mett, Wurst und Käse gereicht – also die passende Grundlage für das Bier. Diverse Biersorten sind schon von der Regionalmarke Echt!-Solling-Vogler-Region ausgezeichnet worden.

In der gesamten Region gab es schon im Mittelalter diverse Brauereien, und fast alle Wirtshäuser, genauso wie viele Privathaushalte, stellten ihr eigenes Bier her. Aus Allersheim kam jedoch das erste Pils der Gegend. Otto Baumgarten, der seit 1847 Pächter der Domäne war, hatte sich hierzu Fachwissen in München angeeignet. Auf dem Burgberg in Bevern ließ er einen Hopfengarten anlegen und begann mit der Produktion in Allersheim. Eigentlich hatte der Landwirt das Bierbrauen als zusätzliches Einkommen zu seinen geringen Einnahmen durch die Landwirtschaft eingeplant. Die traditionelle »Baumgarten's Brauerei Allersheim« wurde so erfolgreich, dass sie zum Marktführer der Region aufstieg.

Aber nicht nur in Allersheim wird im Weserbergland noch Bier gebraut. Auch Lauenau (Rupp-Bräu), Einbeck (Einbecker Bier), Uslar (Bergbräu), Höxter (Meierhof-Privatbrauerei) oder Rinteln (Hartinger Meisterbräu) haben Brauereien. In Einbeck gab es im Mittelalter unzählige private Bierbrauer. Das ist heute noch an den hohen Eingängen und Toreinfahrten mit Spitzbögen zu erkennen. Bier war damals ein Grundnahrungsmittel, und die Einbecker Brauer entwickelten eine Methode, um das Getränk durch Hopfung geschmacklich zu verbessern und haltbarer zu machen.

Adresse Allersheim 6, 37603 Holzminden-Allersheim, Tel. 05531/1250, www.brauerei-allersheim.de | **Anfahrt** vom Zentrum Holzminden über die B 64 und dann auf die B 497, die Brauerei liegt an der L 584 (rechts) | **Öffnungszeiten** Besichtigungen Mi und Fr 14–17 Uhr | **Tipp** In Einbeck gibt es spezielle Führungen von der Touristen-information zum Thema Bierbrautradition (Helles Bier und dunkle Schatten). Und die Brauerei Einbecker Bier bietet ebenfalls Führungen an.

73__ Der Äbtegang

Und der berühmte Bibliothekar

Seit 2014 ist das Westwerk des Klosters Corvey UNESCO-Weltkulturerbe. Die im 9. Jahrhundert gegründete Benediktinerabtei galt als eines der bedeutendsten Klöster im Mittelalter. Ludwig der Fromme ließ nach dem Wunsch des Vaters Karl dem Großen direkt an der Weser die mächtige Abtei errichten. Im 10. Jahrhundert war sie eins der wichtigsten politischen und geistlichen Zentren des Frankenlandes. Das Westwerk soll das einzige erhaltene Beispiel dieses Bautyps aus der Zeit der Karolinger sein. Am Portal der Klosteranlage trifft man auf die beiden früheren Herrscher – Ludwig der Fromme hält das Westwerk in der Hand.

Der Äbtegang erstreckt sich über eine lange Galerie im Ostflügel des Schlosses. Hier sind alle Äbte verewigt, die einst in der ehemaligen Reichsabtei lebten. Das Besondere an der Mehrzahl dieser Porträts ist, dass sie nach der Phantasie des Malers entstanden sind. Nur wenige, wie zum Beispiel Nummer 59, Abt Christoph von Bellinghausen, der fast 20 Jahre das Kloster führte, sind realistische Abbildungen.

Schloss Corvey ist seit der Säkularisierung im Jahr 1803 kein Kloster mehr, sondern im Besitz der Herzöge von Ratibor und Fürsten von Corvey, die es auch bewirtschaften und bewohnen. Im Nordflügel, wo sich einst die Wohn- und Arbeitsräume der Mönche befanden, entstand später die Fürstliche Bibliothek. 1860 wurde Hoffmann von Fallersleben Bibliothekar und bereinigte den Bestand von schwülstigen Büchern. Er orderte wissenschaftliche Literatur und prächtige Bildbände von dem großzügigen Etat, den der damalige Herzog von Ratibor und Fürst von Corvey ihm zur Verfügung stellte. In 15 Sälen sind 200 Schränke mit den wertvollen Büchern zu sehen. Das ehemalige Arbeitszimmer des Bibliothekars, der 1874 im Alter von 75 Jahren im Schloss verstarb, kann man ebenfalls besichtigen. Seine grüne Mütze und eine Schreibfeder liegen auf dem Tisch, als wolle er gleich weitermachen.

Adresse Schloss Corvey, 37671 Höxter, Tel. 05271/694010 | **Anfahrt** über die B 64 nach Höxter, die Weser überqueren und über die Corveyer Allee zum Schloss | **Öffnungszeiten** Mitte März–Okt. täglich 10–18 Uhr, Führungen Sa und So 11 und 15 Uhr | **Tipp** Das Grab von Hoffmann von Fallersleben befindet sich auf dem kleinen Friedhof neben der ehemaligen Abteikirche.

74__ Der Adelshof

Und die Jacob Pins Gesellschaft

Einen Traum zu verwirklichen, dazu gehört Mut. Noch mehr Courage bedarf es, wenn die Umstände extrem schwierig sind. Jacob Pins hatte den Traum, Künstler zu werden, doch alle Gegebenheiten sprachen dagegen. Dennoch beschloss der 1917 als Otto Pins geborene Höxteraner, Kunst zu studieren. Sein westfälischer Dickschädel soll ihm dabei maßgeblich geholfen haben.

Die Mutter führte in der Marktstraße 12 den elterlichen Laden, sein Vater war Tierarzt in Höxter. Otto Pins verließ das Gymnasium in Höxter und ging nach Palästina, um nicht wie viele andere Juden in ein Vernichtungslager zu kommen.

1936 nahm er Abschied von seinen Eltern, Freunden und der Heimatstadt. Dass es ein Abschied für immer von den Eltern war, ahnte er damals nicht, denn sie wollten nachkommen. Doch ihnen gelang die Flucht nicht, sie kamen ins Getto nach Riga, wo sie 1944 ermordet wurden. Otto Pins kam zurück nach Höxter, aber erst 20 Jahre später.

Nach seiner Auswanderung lebte er zunächst unter schweren Bedingungen als Tagelöhner auf einer Zitrusplantage im Kibbuz, litt unter Hunger und Arbeitslosigkeit. Doch selbst dort hielt er weiter an seinem Traum vom Kunststudium fest, bekam ein Stipendium und wurde Bildhauer. Als er Jahre später die Verbindung in seine Heimat wieder aufgenommen hatte, bedankte er sich bei den Menschen, die seine Familie nicht im Stich gelassen hatten, stellte seine Holzschnitte aus und ermöglichte Gegenbesuche in Israel. Regelmäßig kehrte er zurück nach Höxter. Als er im Alter von 88 Jahren in Jerusalem verstarb, hatte er über 800 Holzschnitte, Aquarelle, Zeichnungen, Drucke und Skizzen seiner Heimat vermacht. Die Stadt Höxter verlieh ihm das Ehrenbürgerrecht und ließ mit Unterstützung des Landes den alten Adelshof wieder herrichten, in dem sich heute die Jacob Pins Gesellschaft befindet und seine Werke ausgestellt werden.

Adresse Forum Jacob Pins, Westerbachstraße 35 – 37, 37671 Höxter, Tel. 05271/6947441 | **Anfahrt** über die B 83 und dann Godelheimer Straße, rechts in die Westerbachstraße, das Forum Jacob Pins befindet sich dann auf der rechten Seite | **Öffnungszeiten** April – Nov. täglich 10 – 17 Uhr | **Tipp** Nicht weit entfernt Richtung Weser befindet sich das Eiscafé Buonissimo. Dort gibt es jeden Monat eine neue Eissorte. Zum Beispiel Pflaume-Zimt oder Rosmarin und Zitronenmelisse …

75 Das Café Pammel

Wo Leidenschaft nach Kaffee riecht

Ein ganz normaler Dienstagmorgen im Café Pammel in Höxters Fußgängerzone. In der oberen Etage brummt das Stimmengewirr. Beinahe alle Tische sind besetzt. Das Café Pammel ist groß. Etwa 140 Sitzplätze gibt es im Inneren und 110 im Freien, wenn das Wetter es zulässt. In der Kuchentheke im Erdgeschoss sieht einfach alles appetitlich aus. Aber über all die leckeren Dinge, die hier angeboten werden, soll erst einmal nicht geschrieben werden. Unser Augenmerk liegt auf den hohen Wandregalen, die von oben bis unten mit alten Kaffeemaschinen dekoriert sind.

Manche kennen es vielleicht noch: das Bild der Großmutter, die in der Küche am Morgen die Bohnen frisch in einer Kaffeemühle mahlt. So eine kleine Mühle zu bedienen war ein Kraftakt. Petra und Jörg Bergemann, beide leidenschaftliche Liebhaber des frisch gerösteten Kaffees, haben hier ständig circa 185 dieser alten Kaffeemühlen ausgestellt. Die Wände des Cafés zieren zum überwiegenden Teil Modelle, die in den 1920er bis 60er Jahren besonders gebräuchlich waren. Insgesamt besitzen die beiden Konditormeister einen Fundus von 640 Kaffeemühlen, die passen nicht alle auf einmal in die Regale.

Seit Beginn des 18. Jahrhunderts, als die ersten Kaffeehäuser in Europa entstanden, werden die dunklen Bohnen in solchen Mühlen gemahlen. Heute schwört so mancher wieder auf die einfache Mechanik. Und dann der Duft! Entscheidend ist der richtige Mahlgrad. Die Bergemanns kennen ihn sicher.

Auf der Speisekarte fallen süddeutsche Spezialitäten wie Topfenstrudel, Scheiterhaufen oder Germknödel ins Auge. Die Rezepte dafür hat die aus Straubing stammende Petra Bergemann mit nach Höxter gebracht. Als kleine Mitbringsel für Zuhausegebliebene eignen sich die handgeschöpften Schokoladen mit dem Kloster Corvey oder einer gezeichneten Häuserzeile Höxters auf der Verpackung.

Adresse Marktstraße 10, 37671 Höxter, Tel. 05271/7930 | **Anfahrt** B 64 nach Höxter, das Café Pammel liegt nahe des Marktplatzes, direkt gegenüber der Nicolaikirche | **Öffnungszeiten** Mo–Sa 9–18.30 Uhr, So und feiertags 10–18 Uhr | **Tipp** Im zu Höxter gehörenden Brenkhausen befindet sich im einstigen Zisterzienserinnen-Kloster heute ein Kloster der Kopten. Interessierte Besucher sind dort herzlich willkommen (www.koptisches-kloster-hoexter.de).

76 Die Tonenburg

Wo Motorradfahrer sich zu Hause fühlen

Die Kurven und Hügel des Weserberglandes haben sich mehr und mehr zu einem beliebten Ziel für Motorradfahrer aus ganz Deutschland entwickelt. Das ist auch den Hoteliers der Region nicht entgangen. Es gibt eine ganze Reihe von Orten, an denen Biker ausdrücklich willkommen geheißen werden. Einer davon ist die Tonenburg nicht weit von Höxter, erhaben über der nahen Weser gelegen. Mit der Tonenburg verbindet sich eine besondere Geschichte. Gekauft haben sie 1995 Paula und Robert Pirone. Zu diesem Zeitpunkt waren die heute weit über Achtzigjährigen unter Motorradfahrern schon längst keine Unbekannten mehr. Sie gründeten nämlich mit der Villa Löwenherz in Lauenförde 1975 die erste Unterkunft dieser Art in Deutschland überhaupt.

Den einstigen Kaufleuten war aufgefallen, wie schwer es für die Freunde des motorisierten Zweirads war, auf Touren durch die kurvigen Landschaften einen Platz zum Schlafen zu finden. Das empörte sie so, dass sie kurzerhand selbst einen schufen. Ihre Überzeugung war: Motorradfahrer sollen sich willkommen fühlen, wollen kein Schickimicki und werden gern mit reichlichen Mahlzeiten versorgt. Mehrbettzimmer gehören ebenfalls zum Konzept. Man schläft im Turm, dem Ackerhaus, der einstigen Brennerei oder dem Wirtschaftsgebäude. Die gesamte Tonenburg steht unter Denkmalschutz. Im Keller befindet sich ein kleines Museum über die Geschichte der Anlage.

Die Pirones haben die Tonenburg 2013 an neue Hotelbetreiber übergeben. Auch Gäste, die nicht hier schlafen, kommen zum Essen oder zu Konzerten vorbei. Die heutigen Burgherren fahren selbst Motorrad und versorgen die Gäste gern mit Tour-Vorschlägen in die Umgebung. Ein beliebtes Ziel ist immer der 495,8 Meter hohe Köterberg oder eine Fahrt von Breverde nach Ottenstein. Beide Ausflüge bieten schöne Strecken, die mit toller Aussicht gekrönt werden.

Adresse Tonenburg 1, 37671 Höxter-Albaxen, Tel. 05271/921182, www.tonenburg.com |
Anfahrt von Höxter aus über die B 64 in Richtung Holzminden, etwas mehr als 4 Kilo-
meter fahren, dann liegt die Tonenburg auf der rechten Seite | **Öffnungszeiten** ganzjährig |
Tipp Gesine Kramer, die heutige Burgherrin, bietet auch Motorrad-Handling-Training für
mehr Spaß und Sicherheit beim Fahren an.

77 __ Das Bioenergiedorf
Erster Selbstversorger in Deutschland

Seit 2005 ist das kleine Dorf Jühnde in Niedersachsen berühmt: Es ist das erste Bioenergiedorf in Deutschland. Das bedeutet, es ist ein Selbstversorger in Sachen Strom geworden – und hat es damit in die »Tagesthemen« und zu weltweiter Anerkennung geschafft. Rund 700 Einwohner leben in Jühnde, und sie wurden in den Plan, durch erneuerbare Energien selbst Strom zu erzeugen, von Anfang an einbezogen. Die Idee kam von der Universität Göttingen. Es wurde eine Genossenschaft gegründet und gemeinschaftlich beratschlagt, wie das Dorf mit Kühen und Schweinen und den nachwachsenden Rohstoffen der Gegend (wie Roggen, Weizen, Sonnenblumen oder Mais) zum Selbstversorger werden kann.

Die Biogasanlage liegt am Koppelweg 1. Hier werden Gülle und Rohstoffe vergoren und aus dem daraus entstehenden Gas Strom und Wärme gewonnen. Das Dorf ist dadurch komplett autark und produziert seine eigene Elektrizität. Für ein weiteres Dorf der gleichen Größe würde es ebenfalls reichen. Der überschüssige Strom wird jedoch ins Netz eingespeist und weiterverkauft, wodurch Jühnde eine weitere Geldeinnahmequelle hat. Im Winter wird zusätzlich über ein Holzhackschnitzel-Heizwerk Wärme erzeugt. In Sachen Energie sind sich die Dorfbewohner einig und haben bereits weitere Ideen, wie zum Beispiel regenerativen Strom für Elektroautos, umgesetzt.

Stolz prangt am Dorfeingang auf dem Ortsschild »Erstes Bioenergiedorf Deutschlands«. Die riesigen, runden Dächer der Anlage, Solardächer und Schornsteine sind bald sichtbar. Vor der Dorfeiche steht ein Denkmal mit zwei Milchkannen als Symbol für die gute alte Zeit, aber auch für das intakte Dorfleben. Sonst prägen die alte Kirche, friedliche Straßen, Bäche, Wiesen und Felder das Bild. Oberhalb der Biogasanlage liegt ein Ehrenhain für die Opfer des Ersten Weltkrieges. Es ist ein idyllischer, mit Eichen bewachsener Platz – mit Blick auf den Fortschritt.

Adresse Koppelweg 1, 37127 Jühnde | **Anfahrt** von der A 7 aus Norden kommend Abfahrt Mariengarten und über die L 559 nach Jühnde | **Tipp** Auf dem Friedhof der Jühnder Dorfkirche befindet sich das Grab des – inzwischen aufgrund seines Verhältnis zum Nationalsozialismus umstrittenen – Heimatdichters Heinrich Sohnrey.

78_Das Kragstuhlmuseum
Bewegliches Design

Für Designliebhaber ist es ein Muss: das Tecta Kragstuhlmuseum in Lauenförde. Ein einzigartiges Gesamtkunstwerk, in dem Exponate stehen, die sich vor den großen Designsammlungen der Welt nicht zu verstecken brauchen. Hier wird die Entwicklungsgeschichte des hinterbeinlosen Stuhles zum federnden Freischwinger erzählt. Spannend sind die Einblicke in das Schaffen der großen Gestalter des letzten Jahrhunderts, die mit der Firma Tecta eng zusammengearbeitet haben – von Walter Gropius bis zu Marcel Breuer. Mit ihren Nachfahren verbindet das Unternehmen bis heute ein kreativer Austausch. So zeigt die Sammlung Ergebnisse der Kooperation mit Stefan Wewerka oder Raritäten wie die über 100 Originale des legendären französischen Architekten Jean Prouvé, die seine Konstruktionsprinzipien veranschaulichen.

Das Kragstuhlmuseum ist aber auch das letzte Werk des britischen Architektenpaares Peter und Alison Smithson, die hier die bereits vorhandenen Gebäude in ihrem Stil ergänzten und den Landschaftspark, der das Ensemble umgibt, entwarfen. Sie waren die bekanntesten Vertreter des Neuen Brutalismus, und ihre Architektur sollte beweglich sein. Glas und Stahl dominieren die Bauwerke, die »Ten Chairs of Lauenförde« wurden auf dem Dach installiert. Die vier Museumsgebäude gehören zu der von den Smithsons konzipierten Tecta-Landscape. Sie werden nicht als starre Objekte verstanden, sondern schaffen einen Übergang zur Landschaft. Zwischen den Bauten verläuft ein Gleis, auf dem Möbel zwischen den Werkstätten transportiert wurden. Damit wird ein industrieller Bezug zur Manufaktur hergestellt.

Das Kragstuhlmuseum ist ein Gesamtkunstwerk, in dem die Idee des Bauhauses sichtbar und zugleich die bewegliche Architektur spürbar wird. Die über 500 Ausstellungsstücke sind für den Besucher außergewöhnlich nahbar, denn sie stehen weder auf Sockeln noch in Vitrinen.

Adresse Tecta Kragstuhlmuseum, Sohnreystraße 10, 37697 Lauenförde, Tel. 0151/65477492, www.kragstuhlmuseum.de | **Anfahrt** die Sohnreystraße geht rechts von der B 214 ab | **Öffnungszeiten** März–Nov. Do, Fr 10–12 und 14–17 Uhr, Sa 10–14 Uhr, Dez.–Feb. Sa 10–14 Uhr | **Tipp** In Eimbeckhausen, das heute ein Ortsteil von Bad Münder ist, spielte bis in die 1970er Jahre der Stuhl eine so wichtige Rolle, dass der Ort »Stuhldorf« genannt wurde und selbst im Wappen einen Stuhl hat. Es gibt hier ebenfalls ein Stuhlmuseum, das circa 1.500 Exemplare im Bestand hat.

79__Der Freimaurerpark

Symbolik nach Pythagoras

Freiheit, Gleichheit, Brüderlichkeit, Toleranz und Humanität sind die fünf Grundpfeiler, auf denen die Freimaurerei basiert. Dass sich dies aber im Park des Ritterguts von Meinbrexen niederschlägt, ist kaum jemandem bekannt. Hier wurden durch Zufall im Jahr 2011 freimaurerische Symbole und Zusammenhänge entdeckt. Eine wichtige Rolle spielen dabei Zahlensymbolik und Geometrie. Dies zeigt sich in Details, die dem unwissenden Besucher auf den ersten Blick gar nicht auffallen. So stehen im Park ein Turm, die Grundmauern eines alten Teehauses mit den Maßen 3 mal 3 Meter und außerdem Bäume wie Eiche, Buche und Linde, die eine spezielle Bedeutung haben, angeordnet nach der Lehre des Pythagoras. Die Zusammenhänge erklärt Silke von Mansberg mit Hingabe und Begeisterung bei ihren Führungen durch den Park. Sie hat sich selbst immer mehr in die Thematik der Freimaurerei eingearbeitet und bringt sie in den Frühjahr- und Sommermonaten den Besuchern näher. Sonst kümmert sie sich mit ihrem Mann und rund 300 Mitarbeitern um das Rittergut, zu dem Forstwirtschaft und Ackerbau gehören.

Der Park ist den Brüdern Johann-Friedrich und Adam-Christoph von Mansberg zu verdanken. Sie wuchsen in London auf und setzten sich früh mit der Aufklärung und den ersten Freimaurern auseinander. Die Freimaurerei fand häufig Niederschlag in der Architektur, aber auch in den Gärten. So setzten auch die Brüder von Mansberg – wie viele andere Zeitgenossen des 18. Jahrhunderts – ihre philosophischen Gedanken in dem Park von Meinbrexen im Zeitraum von 1756 bis 1762 um. Nur ganz wenige Anlagen dieser Art überlebten in ihrer ursprünglichen Form in Deutschland.

Der Freimaurerpark ist außergewöhnlich und überaus überraschend, kann aber nur mit Führung über eine Brücke neben dem Rittergut besucht werden. Sie gehört zu den wenigen Freimaurerparks und wird in den kommenden Jahren weiter instand gesetzt.

Adresse Rittergut Meinbrexen, Rittergut 1, 37697 Lauenförde-Meinbrexen, www.rittergut-meinbrexen.de | **Anfahrt** über die B 80 aus Richtung Bad Karlshafen nach Beverungen und rechts abbiegen Richtung Lauenförde (An der Burg), direkt nach dem Überqueren der Weser links abbiegen auf die L 550 Richtung Meinbrexen und Fürstenberg | **Öffnungszeiten** Führungen April–Sept. unter Tel. 05273/367280 buchen | **Tipp** In der Erdbeersaison gibt es in Hofnähe Meinbrexer Erdbeeren zu kaufen, im Winter Weihnachtsbäume aus eigenem Anbau. Und der Festsaal im alten Pferdestall steht zur Buchung für Veranstaltungen zur Verfügung.

80 Das Hagenhufendorf

Praktische Siedlungsform aus dem Mittelalter

Hagenhufendörfer sind eine Besonderheit aus dem Mittelalter. Bei Stadthagen gibt es einige davon, und manchmal ist noch recht gut zu erkennen, wie sie einst angelegt wurden. Bei einem Hagenhufendorf handelt es sich um eine lang gestreckte Siedlung, die einen Bach entlang verläuft. Der sorgte für die Wasserversorgung. Vor den Höfen, meist niederdeutschen Hallenhäusern, liegt die Straße, und auf der anderen Seite folgen die zum Hof gehörenden Felder, die bewirtschaftet wurden. Sie sind immer nur so breit wie das Grundstück, auf dem sich der Hof befindet, ziehen sich aber dafür von der Straße aus weit nach hinten in die Länge. Die Hallenhäuser besaßen große Dielentore, durch die man mit dem Erntewagen hineinfahren konnte. Dann wurde das Getreide oder Heu gleich oben durch eine Luke auf den Boden geschafft.

Eine Hufe entsprach in etwa der Fläche, die von einer Familie mit dem Pflug bestellt werden konnte. Deshalb hat eine Hufe auch immer ungefähr dieselbe Größe, nämlich 30 Morgen, also 75.000 Quadratmeter.

Ein Hagen ist eine eingehegte Siedlung. Das Vorteilhafte dieser Siedlungsform war, dass die Arbeit nicht auf weit entfernt gelegenen Feldern, sondern direkt gegenüber verrichtet werden konnte. Das sparte Zeit. Hagenhufendörfer entstanden als geplante Besiedlung von Waldgebieten. Weil das Urbarmachen dieses Bodens besonders mühsam war, belohnten die Landesherren die Bauern gelegentlich mit verschiedenen Freiheiten und Rechten, den sogenannten Hagenrechten.

Gegenwärtig ist die alte Form der Dörfer durch die Veränderungen in der Landwirtschaft gefährdet. Deshalb hat sich ein Forum gegründet, das sich für den Erhalt der Dörfer einsetzt. In Krebshagen ist die Struktur der alten Siedlungsform noch gut erkennbar; außerdem in Auhagen, Niedernwöhren oder in Hülshagen mit einem historischen Bauernhaus von 1540.

Adresse Bauernhaus: Hülshagen 10, 31714 Lauenhagen-Hülshagen; Krebshagen gehört zu Stadthagen und liegt unterhalb des Zentrums an der B 65 | **Anfahrt** von der B 65 bei Stadthagen auf die Vornhäger Straße, dann auf Lauenhagener Straße abbiegen, Hülshagen liegt hinter Lauenhagen rechts | **Tipp** Im Bauernhaus finden kulturelle Veranstaltungen wie Konzerte, aber auch Schlachtfeste oder Backtage statt. Auch das winzige Buchhagen, ein Ortsteil von Bodenwerder, mit seiner Kulturmühle wurde einst als Hagensiedlung gegründet.

81 Das Dorf der Wohnfässer

Innovative Vielfalt

Normalerweise dienen Fässer der Aufbewahrung von Flüssigkeiten, werden im Keller oder anderen Lagerräumen untergebracht und warten dort auf ihre Verwendung. In der Regel haben sie lediglich eine kleine Öffnung zum Einfüllen der Getränke oder einen Deckel. Inzwischen gibt es aber auch Fässer mit Türen, Tischen, Toiletten oder integrierter Sauna. Das sind Fässer, in denen man wohnen, entspannen, trinken, essen oder schlafen kann.

In Handarbeit werden in Lenne bei Eschershausen die »fasszinierenden« Holzfässer hergestellt. Die großen getischlerten Behälter können dann als Wohnraum genutzt werden. Hier wird nicht mehr gelagert, sondern gelebt. Ob in den Betten des gemütlichen Wohnfasses oder im luftigeren Gartenfass, die unterschiedlichsten Ausführungen sind möglich. Entsprechend variieren auch die Preise. Das Sanitärfass beispielsweise mit Badewanne, Dusche, Toilette und Waschbecken ist wesentlich teurer als das Gartenfass, das mit oder ohne Tisch und Bank gebaut wird.

Die Fässer aus Lenne sind inzwischen auch in der Gastronomie und Hotellerie angekommen. So wurde in Hamburg das erste Fasshotel eröffnet, es gibt ein Fassdorf-Restaurant oder fas(s)zinierende Nächte im Weinberg. Wohnen und Schlafen im Fass aus dem Weserbergland, damit hat die Tischlerei Keitel etwas Neues geschaffen.

Direkt neben der Tischlerei, die es seit 1988 gibt, liegt nun ein Areal, auf dem die Fässer ausgestellt sind. Bei der Besichtigung hat man das Gefühl, durch ein kleines Dorf zu spazieren. Die Idee hatte Firmengründer Walter Keitel. Er war davon überzeugt, dass ein Fass lebenswert ist, begann zu tüfteln, entwickeln und testen, bis er das erste Gästefass gebaut hatte.

Die Fässer aus Lärchenholz stammen aus der Solling-Vogler Region und haben das Prädikat »Echt!« erhalten, das Anbietern, denen die regionale Bindung wichtig ist, verliehen wird.

Adresse Walter Keitel Tischlermeister GmbH, Linnenplan 2a, 37627 Lenne,
Tel. 05534/3506, info@tischlerei-keitel.de | **Anfahrt** der Linnenplan zweigt von der B 64
ab, die Fässer liegen auf der linken Seite | **Öffnungszeiten** der Platz mit den Fässern ist
frei zugänglich, gegenüber befindet sich die Tischlerei | **Tipp** Auf dem Campingplatz am
Humboldtsee bei Salzhemmendorf können Fässer zum Übernachten gemietet werden
(zu sehen im Imagefilm auf www.campingpark-humboldtsee.de). Und noch eine weitere
Erfindung kommt aus Eschershausen: das flexibelste Notizbuch der Welt von Schaar-Design,

82__Das Lager
Fundamente der Trostlosigkeit

Es ist ruhig hier, kaum ein Mensch unterwegs. Zum ehemaligen Zwangsarbeitslager Lenne führt ein Weg von der Bundesstraße 64 zwischen Eschershausen und Vorwohle links in den Wald hinein. Er darf nur von Anliegern und den Forstarbeitern befahren werden. Darauf weist der Förster hin und erzählt von den Überresten des ehemaligen Arbeitslagers Lenne und dass sich vor einigen Jahren Jugendliche an die Arbeit gemacht haben, um die Erinnerungsstätte zu gestalten. Vom einstigen Lager sind noch Grundmauern und Fundamente erhalten. Es wurden Hinweisschilder angebracht und eine Baracke nachgebaut. Die Struktur des Lagers ist zu erkennen und der ehemalige Appellplatz. Auf Tafeln werden die Gegebenheiten des Lagers erläutert und das harte Leben hier vergegenwärtigt.

Gleich am Anfang der Erinnerungsstätte befinden sich die ehemaligen Gleisanlagen. Und nach circa 200 bis 300 Metern Waldweg beginnen die Hinweistafeln: wo die Italiener, Polen oder Deutschen untergebracht waren, wo die Entbindungsstation lag und dass die Toiletten in Richtung der Felder ausgerichtet waren.

Seit den 1980er Jahren haben sich verschiedene Institutionen mit der Geschichte der Zwangsarbeit auseinandergesetzt und Details über das Arbeitslager Lenne herausgefunden. 1944 entstand hier mit 5.000 Häftlingen das größte Lager zur Rüstungsproduktion als Reaktion der Nationalsozialisten auf die Überlegenheit der alliierten Luftstreitkräfte. In Bergwerken, Stollen und Höhlen begannen sie, Material und Maschinen zu lagern. In Eschershausen bot das Stollensystem des Hils gute Voraussetzungen für eine Untertageproduktion, zu der die Häftlinge des Lagers eingesetzt wurden. Bis zur Befreiung durch die Amerikaner am 7. April 1945 lebten die Zwangsarbeiter hier unter unmenschlichen Bedingungen. Sie kamen aus ganz Europa, die meisten waren aber Deutsche, die wegen jüdischer Verwandtschaft inhaftiert wurden.

Adresse 37627 Lenne | **Anfahrt** von der B 64 zwischen Eschershausen und Vorwohle, kurz nach der Abzweigung Richtung Lenne (Linnenplan) steht eine Hinweistafel, parken an der Bundesstraße, den Weg Richtung Wald hochgehen und dann den Hinweistafeln folgen (auf der rechten Seite) | **Tipp** Eine weitere Gedenkstätte für die Opfer des Nationalsozialismus ist der Ehrenfriedhof bei Holzen. Die Bildungsvereinigung Arbeit und Leben Holzminden e.V. führt regelmäßig Exkursionen zu den Stätten der Zwangsarbeit im Hils durch.

83 Die Stadt der Osterräder

Heidnischer Brauch zum Osterfest

Lügde ist bekannt für seine Osterräder. Das Museumscafé, in dem es am Wochenende ein grandioses Büfett mit selbst gebackenem Kuchen zum Einheitspreis gibt, ist fast der perfekte Platz, um das jährliche Spektakel zu verfolgen. Denn schräg gegenüber auf dem Osterberg befindet sich die Abstoßstelle – von hier rollen die brennenden Räder hinab ins Tal.

Bevor sie auf den Osterberg gelangen, werden sie sechs Tage im Wasser der Emmer getränkt, nur so können sie später dem Feuer standhalten. Begleitet von einem Fanfarenzug werden sie am Ostersamstag aus dem Fluss gezogen und am Sonntag auf festlich geschmückten Leiterwagen durch die Altstadt und auf den Osterberg gefahren. Der Dechenverein Lügde stopft die Räder mit speziellem Stroh, um 21 Uhr knallt ein Kanonenschuss, die Kirchenglocken von Lügde fangen an zu läuten, und das leuchtende Spektakel beginnt: Die Osterräder werden nacheinander entzündet und rollen abwärts in den Fluss. 650 Meter Strecke legen sie flammend zurück. Meistens mit einer funkelnden Spur aus dem brennenden und abfallenden Stroh. Es ist ein 2.000 Jahre alter, heidnischer Brauch, die brennenden Räder symbolisieren die Sonne, die über den dunklen Winter gesiegt hat. Die Lügder Einwohner haben sich hier gegenüber den christlichen Kirchen durchgesetzt, die diese Sitte längst verbieten wollten. Angeblich soll schon Karl der Große im Jahr 784 den Osterräderlauf beobachtet haben. Den Rest des Jahres ist es ruhig auf dem Osterberg.

Spektakulärer ist dann der Köterberg, der mit knapp 500 Metern tolle Ausblicke auf die Länder Nordrhein-Westfalen, Niedersachsen und Hessen beschert. Nicht umsonst wird er auch als »der Brocken des Weserberglandes« bezeichnet, einst sollen hier heidnische Götter angebetet worden sein. Heute ist er ein bei Bikern sehr beliebtes Tourenziel. Oben erwartet sie eine der höchstgelegenen Gaststätten im norddeutschen Raum.

Adresse Abstoßstelle schräg rechts gegenüber und gut zu sehen vom Heimat- und Museumsverein Lügde, Hintere Straße 86, 32676 Lügde | Anfahrt über B 1, Pyrmonter Straße, L 426 und Hohenborner Straße bis zu Hintere Straße | Tipp Nicht weit von Lügde liegt der Schiedersee, der im Sommer ein beliebtes Ausflugsziel ist. Außerdem befindet sich im benachbarten Elbrinxen eine Storchenstation.

84__Die imposanten Schleusen

Ein Wasserstraßenkreuz der Extraklasse

Früh am Morgen öffnet sich ganz langsam das große Tor der neuen Weserschleuse. Ein Vater mit seinen zwei Kindern steht oben auf der Brücke. Die winken dem Schiffer, der vorne auf dem ausfahrenden Kahn steht, gleich freudig und ausdauernd zu. Schiffe haben etwas Romantisches, und das Schauspiel an einer Schleuse ist nicht nur für Kinder faszinierend. Die Vorstellung der gigantischen Wassermassen, die bei jeder Schleusung bewegt werden, schüchtert einen geradezu ein.

Ganz genau genommen, liegt Minden schon außerhalb des Weserberglandes. Aber das so wichtige Wasserkreuz soll hier doch erwähnt werden. An der Schleuse verbinden sich Mittellandkanal und Weser. Die alte Schachtschleuse war für die moderne Schifffahrt nicht mehr ausreichend. Nach über sechs Jahren Bauzeit konnte die neue Weserschleuse im August 2017 das erste Mal von Schiffen passiert werden. Durch sie erhält unter anderem Bremen einen Zugang zum Mittellandkanal, der für große Schiffe geeignet ist. Die Betreiber rechnen mit 4.000 Schleusungen pro Jahr. Weil die neue Kammer größer ist und mehr Wasser bewegt werden muss, dauert jetzt alles ein bisschen länger.

Das Einfahrtsignal der alten Schleuse steht auf »Außer Betrieb«. Heute erscheinen uns ihre Mauern altehrwürdig, aber zur Zeit ihrer Eröffnung 1914 war sie technisch auf dem neuesten Stand. Mehr als hundert Jahre lang diente sie dazu, die circa 13 Meter tiefer gelegene Weser auf gleiche Höhe mit dem Kanal zu bringen. Doch hundert Jahre später reichten ihre Maße nicht mehr aus. Im Gegensatz zur neuen Schleuse, deren Kammerlänge mehr als 130 Meter beträgt, kann sie nur mit 80 Metern aufwarten. Das Gebäude mit seinen zwei Türmen ist denkmalgeschützt und soll demnächst gewartet werden. Dann werden hier wieder kleinere Schiffe geschleust. Denn durch die geringere Größe verbraucht sie weniger Wasser, was natürlich wirtschaftlicher ist.

Adresse Sympher Straße, 32425 Minden | **Anfahrt** über die B 61, bis es in Minden in die Sympher Straße abgeht | **Tipp** Von hier aus können auch Schifffahrten auf der Weser unternommen werden. Saison ist von Anfang Mai bis Ende Oktober, außerhalb der Saison sind nur Gruppenfahrten nach vorheriger Anmeldung möglich (Mindener Fahrgastschiff-fahrt, Sympherstraße 16, Tel. 0571/6480800, info@mifa.com).

85_Der Böxenwulf

Ein unheimliches Wesen

Es ist eine Skulptur an einer Kreuzung. An der Straße Sülbecker Weg Richtung Stadthagen steht die in Stein gemeißelte Figur. Sie sieht seltsam aus, ein Wolf und zwei Männer mit tiefen Furchen im Gesicht sind zu erkennen. Es ist die Darstellung vom sogenannten Böxenwulf und zwei seiner Opfer. Dahinter verbirgt sich eine unheimliche Begebenheit, die sich vor vielen Jahren in Obernkirchen zugetragen haben soll – so wird zumindest in alten Volkssagen berichtet.

Der Böxenwolf war eine Art Werwolf, der in Nächten umherstreunte und einsamen Wanderern oder Bauern am Bückeberg auflauerte. Er sprang seinen Opfern auf den Rücken und ließ sich dann kaum mehr abschütteln. Es handelte sich um eine seltsam aussehende Gestalt, von der zumeist nur schwarzes, zotteliges Fell zu erkennen war. Kaum ein Einwohner wagte sich bald noch bei einbrechender Dunkelheit allein an den Stadtrand, wo er sein Unwesen trieb. Keiner wusste, wo der Böxenwulf lauerte und wen er als Nächstes anfallen würde. Mal tauchte er im Stiftswald auf, mal an der Glashütte. Sein Lieblingsrevier soll die Röserheide gewesen sein.

Die Bürger Oberkirchens und der umliegenden Dörfer versetzte er in Angst und Schrecken. Selbst starke Männer waren nicht sicher vor ihm. Bis eines Tages ein Mann allen Mut zusammenfasste und das schwere Ungeheuer auf seinem Rücken festhielt. Die zwei kämpften und rangen miteinander, bis der Meister und sein Geselle der nahe liegenden Aldagschen Schmiede den Tumult hörten. Sie kamen zu Hilfe und überwältigten schließlich das Ungeheuer. Sie zerrten die Bestie in die Schmiede, wo sie ihr das Fell herunterzogen. Und staunten nicht schlecht: Es handelte sich nicht um ein Tier, sondern um einen Mann, der in der Nähe lebte und Spaß daran hatte, Leute zu erschrecken. Seitdem wurde der Böxenwulf nicht mehr gesehen. Geblieben sind jedoch die Erinnerung und das Denkmal.

Adresse Am Liethstollen / Ecke Sülbecker Weg, 31683 Obernkirchen | **Anfahrt** über die B 65, in Richtung Vehlen / Gelldorf / Stadthagen rechts von der Mindener Straße in den Sülbecker Weg einbiegen, am Liethstollen befindet sich links direkt hinter den Bahngleisen die Skulptur | **Tipp** Die Schlosserei Bornemann ist eine historische Schmiede, die an der Neumarktstraße in Bückeburg liegt. Sie gehört zum Obernkirchener Museum für Bergbau und Stadtgeschichte und kann besichtigt werden.

86___Die Freiluft-Galerie

Überall Skulpturen

In der Bergstadt Obernkirchen wird seit Jahrhunderten Sandstein gewonnen und bearbeitet. Sogar das Weiße Haus in Washington besteht überwiegend aus diesem Material. Alle drei Jahre findet hier ein außergewöhnliches Symposium statt, bei dem internationale Künstler unter freiem Himmel ihr Können beweisen. Während der Veranstaltung kann ihnen jeder, der sich für das Handwerk der Bildhauer interessiert, einen Blick über die Schulter werfen und bei der Arbeit auf dem Kirchplatz zuschauen. Das Material stellt die Obernkirchener Sandsteinbrüche GmbH zur Verfügung. Seit 33 Jahren gibt es das Symposium, und es trifft auf großen Zuspruch. Auch vonseiten der Künstler, die hier im Austausch mit anderen Kreativen ihre Werke schaffen. Die bisherige Teilnehmerliste reicht von Simbabwe bis Italien, Mexiko, Litauen, Weißrussland oder den Niederlanden.

Das Besondere ist jedoch, dass die Stadt mit der Kunst lebt. Zu jeder Tages- oder Jahreszeit lohnt ein Besuch des Zentrums, um die vielfältigen Skulpturen zu sehen. Rund um den Kirchplatz mit der beeindruckenden Stiftskirche stehen die unterschiedlichsten Werke und geben ihm dadurch etwas Einzigartiges.

Einen vier Kilometer langen Skulpturenweg, auf dem alle Bildhauerwerke stehen, die im Ort verblieben, gibt es ebenfalls. Ob eine hochschwangere Frau, Kornähren, ein riesiges Ohrgebilde, Zahnräder aus Sandstein, kunstvoll gefräste Schichten oder einfach Schweine – sie alle stehen auf den Straßen, Plätzen oder Parks des Ortes. Die Kunst im öffentlichen Raum prägt das Aussehen Obernkirchens.

Auffällig ist die Schönheit einer Frauenfigur auf dem Kirchplatz. Zart und stolz zugleich wirkt die schlanke, anmutige Skulptur, die von einem Bildhauer aus Simbabwe geschaffen wurde. Den Bürgern gefiel sie so sehr, dass sie durch Spenden das Geld aufbrachten, um sie für die Stadt zu kaufen.

Adresse Kirchplatz, 31683 Obernkirchen | **Anfahrt** über die B 65, in Vehlen abbiegen auf die Vehlener Straße Richtung Obernkirchen, dem Straßenverlauf bis zum Ende folgen, bis rechts von der Straße Schluke der Kirchplatz abgeht | **Tipp** Einen Folder zum Skulpturenweg gibt es jederzeit im Internet oder in der Info-Galerie in der Friedrich-Ebert-Straße 14 in Oberkirchen. Am Liethstollen befand sich einst eine Brikettfabrik. Sie ist nicht mehr aktiv, das alte Gebäude ist aber immer noch zu sehen (jedoch nicht zu besichtigen).

87 Der Spiegeleierweg

Immer den Eiern nach

Zwischen Obernkirchen und dem Bückeberg gibt es einen alten Wanderweg, dessen Markierung sich 1934 Arbeitslose ausdachten: Spiegeleier kennzeichnen die Route, genau genommen ein gelber Punkt in weißem Kreis. Die Spiegeleier führen an einigen interessanten Punkten vorbei, und der Wanderer muss einige Höhen und Tiefen überwinden. Bei Mountainbikern soll sich der Weg deshalb schon rumgesprochen haben und ist gerade wegen dieser Steigungen, vor allem aber Gefällen interessant.

Die gesamte Strecke ist rund 15 Kilometer lang und dauert zwischen drei und vier Stunden, je nach der eigenen Laufgeschwindigkeit. Startpunkt ist der »Wanderweg Bückeberg«, und dann heißt es: immer den Spiegeleiern nach. Vorbei am Obernkirchener Freibad und weiter bergauf. Am alten Judenfriedhof entlang, und dann sind bald die Hallen der Glasfabrik Schauenstein sichtbar. Die Anlage wurde vor mehr als 200 Jahren von einem Wanderglasmacher gegründet, der sich mit anderen Glasbläsern hier für einige Zeit im Wald niederließ. Sie fanden auf Anhieb genügend Brennholz für ihre Arbeit und begannen mit der Glasbläserei. Mit dem Steinkohleabbau und der fortschreitenden Industrialisierung veränderte sich vieles. Ganz in der Nähe stand früher eine Schutzhütte, in der die Arbeiter Heiligabend einen Christbaum mit eigens von ihnen geblasenem Schmuck verzierten. An der Stelle steht inzwischen eine Sitzecke aus Sandstein – von Arbeitern für ihren Chef errichtet.

Aber die Spiegeleier führen weiter: über einen breiten Forstweg und dann in einen Pfad (kurz vor einer Teerstraße) nach links Richtung »Gasthaus Walter«. An beiden Seiten erinnern auf dem Wegstück Wälle und tiefe Löcher an den ehemaligen Steinabbau. Auch die großen Gebäude, an denen der Spiegeleierweg schließlich endet, gehörten zum Steinbruchbetrieb und werden heute als Jugend-, Bildungs- und Freizeitzentrum genutzt.

Adresse Start am Sonnenbrinkbad, Am Sonnenbrink, dann Rintelner Straße Richtung Bückeberg, 31683 Obernkirchen | **Anfahrt** aus Bückeburg kommend über die B 65 Richtung Vehlen / Gelldorf / Stadthagen und rechts von der Mindener Straße in den Sülbecker Weg einbiegen, dem Straßenverlauf folgen, bis links das Schwimmbad liegt | **Tipp** Auf dem Bückeberg steht ein Denkmal zu Ehren des Turnvaters Friedrich Ludwig Jahn. Es ist ein Gedenkstein mit einem Turnerkreuz, dem Schriftzug »Jahn« und einer Plakette mit Bild.

88__ Die alten Waldenser-Orte

Wo Glaubensflüchtlinge einst die Region belebten

Landgraf Karl von Hessen-Kassel war ein kluger Landesherr. Er gewährte Religionsflüchtlingen aus Frankreich Asyl und Glaubensfreiheit und ließ sie in seiner Grafschaft Hessen-Kassel siedeln. Nach dem Dreißigjährigen Krieg hatte sich das Land lange nicht von den hohen Verlusten erholen können. Man benötigte Menschen, die mit Know-how in der Landwirtschaft und als Handwerker arbeiteten. So kamen 1722 Waldenser in die Region. Nirgendwo in Deutschland wurden sie im Verhältnis zur einheimischen Bevölkerung so zahlreich aufgenommen wie in Nordhessen. Eine Reihe neuer Orte entstand. Gewissenruh und Gottstreu sind zwei von ihnen. Diese so schön passenden Namen wählte der Landgraf selbst aus. Er sicherte den Waldensern Glaubensfreiheit zu und erlaubte ihnen, in ihren Schulen und Kirchen weiterhin französisch zu sprechen.

In Gewissenruh existiert heute noch eine Waldenserkirche. Ein hübscher kleiner Bau aus Sandstein mit einem Holzturm. Das Innere ist schlicht gehalten. Auf einer Tafel steht das Leitmotiv der Glaubensgruppe »Das Licht scheint in der Finsternis« geschrieben. Es gibt kein Kreuz. Im nahen Gottstreu eröffnete 1991 ein Waldensermuseum.

Die beiden Orte sind auch heute noch fest miteinander verbunden. Gemeinsam initiierten sie einen Verein, der sich mit der Erforschung und Dokumentation der Waldensergeschichte befasst. Dieser war für die Gründung des Museums zuständig. Dort erfährt man einiges über die Ansiedlung, frühere Lebensumstände und die französischen Dorfschulen, die bis 1825 bestanden. Die Waldenser bildeten sich ursprünglich Ende des 12. Jahrhunderts als Gemeinschaft religiöser Laien und verstehen sich als frühe Vorläufer des Protestantismus. Während des Mittelalters wurden sie als Abtrünnige verfolgt. In Deutschland gibt es heute keine selbstständigen Waldensergemeinden mehr. Sie gingen in der Evangelischen Kirche auf.

I·AOUT· ·1779
GENXXVIII·V·IG·CERTES·LE=
TERNEL·ESTENCELIEV
·ET·IENAN·SAUOIE·RIEN·

Adresse Museum: Waldenserstraße 1, 34399 Oberweser-Gottstreu, Tel. 05544/912159; Kirche: Dorfstraße, 34399 Oberweser-Gewissenruh | **Anfahrt** von der B 80 auf die Waldstraße nach Gottstreu abbiegen, die zweite Querstraße links ist die Waldenserstraße, zur Kirche in Gewissenruh von der B 80 aus direkt auf die Dorfstraße | **Öffnungszeiten** Mai – Sept. am 1. und 2. So des Monats 15 – 17 Uhr, Besuche außerhalb dieser Zeiten können angefragt werden, siehe Tel. oben; den Schlüssel zur Kirche erhält man im Haus gegenüber | **Tipp** Auf dem europäischen Kulturfernwanderweg »Waldenser- und Hugenottenpfad« kann man eine kleine Tour zum Beispiel ab Bad Karlshafen bis Gottstreu unternehmen (www.hugenotten-waldenserpfad.eu).

89_Das Grab des Sklaven

Ein Häuptlingssohn im Norden

Auf dem Friedhof Hattensen, der zur Gemeinde Ottenstein gehört, liegt unter einer alten Linde ein ehemaliger Sklave, der Sohn von Ambrosio Congo zu Gumbata, begraben. Antonio Congo hieß der Häuptlingssohn, der im Alter von acht Jahren geraubt, nach Brasilien verfrachtet und dort verkauft wurde. Auf dem Sklavenmarkt entdeckte ihn der Hamburger Kaufmann Ferdinand Schlüter, er kaufte den Jungen frei und nahm ihn mit in seine Heimat nach Norddeutschland.

Er zog den Jungen auf, adoptierte ihn und erzog ihn christlich. Als Antonio heranwuchs, entschied er sich, den Beruf des Tischlers zu lernen, und begab sich auf Wanderschaft. So kam er auch ins Weserbergland. Doch schon bald erkrankte er und verstarb am 11. Januar 1844 »als ein guter und christlicher Tischler«, wie auf dem Grabstein vermerkt ist.

Es ist eine auffällige Ruhestätte mit zwei großen Grabsteinen. Darin eingemeißelt wurden einige Details aus der Chronik des Afrikaners. Kostspielig dürfte es gewesen sein. Eine These besagt, dass nicht der damalige Pastor oder die Gemeinde das Grab finanzierten, sondern ein Ottensteiner Bürger namens Schomburg, der damals zu den größten und grausamsten Sklavenhändlern gehörte. Vermutlich hatte Antonio Congo ihn aufgesucht, um hier die Spuren seiner Vergangenheit zu finden. Ob es ihm gelang, weiß man nicht.

Der Friedhof liegt auf einer Hochebene, mittendrin steht die Kapelle, die fast 1.000 Jahre alt ist. Unter einer 300 Jahre alten Linde liegen zwei Freunde begraben, die beim Baden ertrunken sind. Seit 1840 wird die Kirche als Friedhofskapelle genutzt, sodass darin auch die Beisetzung des Häuptlingssohns stattgefunden haben muss. Im 18. Jahrhundert sollen sich hier Caroline von Linsingen und Wilhelm IV. (Herzog von Clarence), der spätere König von Großbritannien und Irland, heimlich das Jawort gegeben haben.

Adresse Friedhof Hattensen, 31868 Ottenstein | **Anfahrt** über die B 83 bis Brevörde und dann Richtung Ottenstein über L 428, hinter Ottenstein liegt Hattensen, der Friedhof ist ausgeschildert | **Öffnungszeiten** frei zugänglich | **Tipp** Auf dem reformierten Friedhof in Bückeburg befindet sich das Grab von Bernhard Christoph Faust, der sich im 18. Jahrhundert einige gesundheitliche Neuerungen wie Volkshygiene, Sportfeste, Badeanstalten und das Krengelfest einfallen ließ.

90 Der Zigarrenplatz

Zum Genießen

»Die Zigarre« wird ein Denkmal in Pegestorf oberhalb der Weser genannt. Es hat die Form einer dicken, runden Zigarre und wurde zu Ehren des Gründers der Oberweser-Passagier-Dampfschifffahrt Senator Meyer errichtet. Er war nicht nur Initiator und Förderer der Dampfschifffahrt auf der Weser, sondern auch des Fremdenverkehrs im Weserbergland. Kein Wunder also, dass das Denkmal an einem landschaftlich besonders reizvollen Punkt steht: auf den Weserklippen am Mühlenberg bei Steinmühle, die steil neben der B 83 und dem Lokal »Steinmühle« emporragen. Links vom Lokal führt ein schmaler Pfad mit unzähligen Stufen zum Denkmal hinauf. Oben angekommen, geht es rechts circa 500 Meter entlang auf der Höhe – mit wunderbaren Ausblicken – Richtung Zigarre. Es gibt aber auch eine direkte Anfahrt über die K 11 (die von der B 83 abzweigt) gleich links.

Das Denkmal wurde auf Initiative des ehemaligen Wesergebirgsvereins errichtet und am 29. Mai 1927 eingeweiht. Heute kümmert sich eine eigens dafür gegründete Interessengemeinschaft um die Anlage. Was für ein Glück, denn es ist ein ganz besonderer Ort. Ein kleiner Weg führt vom Parkplatz hinauf. Vorbei an einem geradezu idealen Picknickplatz mit herrlichen Ausblicken. Entlang einer »Rehkitz-Baude« und weiter den kleinen Trampelpfad bis zum Denkmal. Die Zigarre ist von einem Steinrondell umgeben, in dem sich rundherum Bänke befinden. Das Beste allerdings ist die Aussicht auf die Weser. Wie eine Schlange verläuft sie hier von Dölme kommend um Pegestorf herum Richtung Rühle. Weite Ausblicke eröffnet die Anlage rund um das Denkmal.

Die Zigarre ist ein Turm aus mittelbraunem Sandstein. Die Wappen der Orte Holzminden, Hameln und Höxter sind hier verewigt. Daneben wird einigen Persönlichkeiten gedacht, so dem Holzmindener Bürgermeister Albert Jeep als Initiator, Leopold Schermann als Gestalter oder dem Reiseschriftsteller Otto Dieckhoff.

Adresse oberhalb der B 83 bei 37619 Pegestorf | **Anfahrt** von der B 83 aus Bodenwerder kommend rechts (kurz vor Pegestorf) auf die K 11 und dann links Richtung Denkmal; aus Richtung Holzminden kommend über die B 83 bis zum Lokal Steinmühle (oder weiter bis zur nächsten Möglichkeit links) | **Tipp** Ein weiterer Aussichtsturm befindet sich bei Bad Eilsen. Von einem Parkplatz führt eine circa einstündige Wanderung zum Idaturm, der einen schönen Blick über das Bückeburger Land ermöglicht.

91__Der goldene Schuh

Wer etwas verliert, gewinnt!

Hier also hat sie ihren Schuh verloren. Während der hastigen Flucht vom königlichen Ball bleibt Aschenputtel nicht mehr die Zeit, sich noch einmal danach zu bücken. Aber der verlorene Schuh wird ihr am Ende doch Glück bringen.

Die Geschichte vom armen Aschenputtel, das vor langer, langer Zeit das Herz des reichen Prinzen gewinnt und zu seiner Braut wird, gehört zu den bekanntesten Geschichten weit über den deutschen Sprachraum hinaus. Bei uns ist es Teil der Sammlung der Brüder Grimm. Und seit 1995 ist die berühmte Märchenfigur offiziell im Flecken Polle zu Hause, dort, wo die Weser ihren weiten Bogen macht.

Von der einstigen Burg ist in erster Linie die sie umschließende Ringmauer erhalten geblieben. Von der Weser aus betrachtet, sieht sie beeindruckend aus. Erbaut wurde die Anlage um 1200, zwischen 1984 und 1988 erfolgten umfangreiche Renovierungen. Das mit einem Wappen geschmückte Portal, durch das man die Burg betritt, gehörte einst zu einem im Stil der Weserrenaissance errichteten Amtshaus. Ende des Zweiten Weltkrieges wurde das Gebäude zerstört, und nur das prächtige Portal blieb erhalten.

An jedem dritten Sonntag von Mai bis September wird das Märchen vom Aschenputtel in der Burg aufgeführt. Und auch sonst dreht sich in Polle alles um die Märchengestalt. Im »Haus des Gastes« können Besucher das sogenannte »Aschenputtel-Zimmer« besichtigen, rund um die Burg wurde ein »Aschenputtelweg« angelegt. Auf Tafeln ist dort noch einmal die Geschichte nachzulesen. Die Bilder dazu stammen von Markus Lefrançois, einem jungen Künstler, der schon einige Grimm'sche Märchenbücher neu illustriert hat. Auf diesem Rundweg stößt man auch auf den goldenen Schuh. Ein bisschen zierlicher und märchenhafter könnte er schon aussehen. Aber er soll ja noch lange hier stehen und junge und alte Menschen an die Geschichte erinnern.

Adresse Brevörder Landstraße, 37647 Polle | **Anfahrt** aus Richtung Holzminden über die B 83 kommend liegt die Burgruine gleich rechts an der Bundesstraße, betritt man die Ruine durch das Portal, steht der Schuh rechter Hand vor der Burg | **Öffnungszeiten** Märchen-aufführung: Mai–Sept. jeden 3. So 14.15 Uhr | **Tipp** Am dritten Wochenende im September findet in der Burg ein Kürbismarkt mit Kürbisprodukten, Kunsthandwerk und Essen und Trinken statt (Sa ab 14 und So ab 12 Uhr).

92___Das Bergwerk

An der Blauen Lagune des Weserberglandes

In Kleinenbremen gibt es heute noch zwei alte Wassermühlen, in der evangelischen Kirche läutet das Uhrwerk mit dem Westminsterschlag des Big Ben in London, und bis 2015 endete hier die Museumseisenbahn, die während der Sommermonate mit restaurierten Zügen von Minden bis zum Bergwerk fuhr. Ihr Verkehr wurde leider eingestellt, weil die Strecke sich in einem zu schlechten Zustand befand. Aber das Besucherbergwerk in Kleinenbremen bleibt bestehen. 2006 wurde die Grube als »Nationaler Geotop« ausgezeichnet. Ein Ziel dieser Auszeichnung ist es, Orte zu schützen, die Einblicke in die Erdgeschichte vermitteln. Im Bergwerk können sich große und kleine Leute ein Bild davon machen, wie es war, unter Tage zu arbeiten. Für viele hat es doch eine besondere Faszination, tief in einen Berg hineinzufahren und sein geheimes Innenleben kennenzulernen.

Im ehemaligen Bergwerk von Kleinenbremen wurde Eisenerz abgebaut. Auf dem Gelände links vor dem Museumseingang ist noch der imposante Brecherturm zu sehen. Mit Hilfe dieser Anlage wurde das abgebaute Gestein zerkleinert. Der Name der Grube lautete »Wohlverwahrt«, welch symbolträchtige Bezeichnung. Seit 1957 steht das Bergwerk still, weil es nicht mehr wirtschaftlich war. Die Führung startet im historischen Betriebsgebäude, das aus dem Jahr 1935 stammt. Nach einigen ersten Informationen geht es mit der Grubenbahn tief hinunter. Man sollte sich warm anziehen und festes Schuhwerk tragen, weil die Temperaturen unter Tage lediglich um 12 Grad liegen. Viel Wissenswertes erfährt man über die seinerzeitigen Arbeitsbedingungen. Man sieht eine sogenannte Jugend- und eine Steigerkaue – das sind Wasch- und Garderobenräume –, bestaunt Stationen erdgeschichtlicher Entwicklung und Fossilien. Eine Besonderheit bildet der See, der unter Tage entstanden ist und »Blaue Lagune« genannt wird. Einmal im Monat kommen Höhlentaucher, um sie zu erkunden.

Adresse Rintelner Straße 396, 32457 Porta Westfalica-Kleinenbremen, Tel. 05722/90223, www.bergwerk-kleinenbremen.de | **Anfahrt** über A 2 Abfahrt Bad Eilsen, dann B 83 in Richtung Porta Westfalica, nach circa 6 Kilometern liegt Kleinenbremen links | **Öffnungszeiten** März–Okt. Di–Do und Sa, So 10–16 Uhr, außerdem an den Feiertagen Nordrhein-Westfalens | **Tipp** Von Kleinenbremen aus kann man eine schöne Wanderung über den Aussichtspunkt Papenbrink bis zum Klippenturm und dann zurück über Luhden unternehmen.

93 Der alte Postillion

Er trompetet das Weserlied

Woher kommt plötzlich diese Musik? Und was ist das für ein Instrument? Es hört sich schön an, doch nirgends ist ein Musiker zu sehen. Bei einem Spaziergang durch die kleine Rintelner Altstadt mit ihren hübschen Weserrenaissance-Bauten kann es passieren, dass die friedliche Atmosphäre von einem Trompeter unterbrochen wird. Dieser Trompeter ist eigentlich ein Postillion, und der bläst hoch oben vom Lokal Mosquito seine Lieder. Bunte Kleidung trägt er und ist kaum einen Meter groß. Bei genauerem Hinsehen sind Lautsprecherboxen zu erkennen.

Es ist wohl der letzte Postillion des Ortes, vermutlich sogar im ganzen Weserbergland. Früher gab es wesentlich mehr davon. Die Postillione ritten durch die Gegend, verteilten Briefe und Sendungen, oder sie beförderten in ihren Kutschen Personen. Der Rintelner Postillion spielt zweimal täglich das Weserlied: um 12.30 und 16.30 Uhr öffnen sich zwei Tore, und er tritt hervor. Das Lied stammt aus dem Jahr 1835, der Dichter hieß Franz von Dingelstedt und stammte aus Todenmann, heute ein Stadtteil der Weserstadt. In Hann. Münden gibt es eine Weserliedanlage, Rinteln hat seinen Trompeter, der die Melodie zu »Hier hab' ich so manches liebe Mal mit meiner Laute gesessen, hinunterblickend ins weite Tal, mein selbst und der Welt vergessen« spielt. Im Refrain wird der Weser ein Andenken gesetzt: »… und unten brauste das ferne Wehr und der Weser blitzende Welle.« In der Vorweihnachtszeit verändert der Postillion seine tägliche Gewohnheit und spielt ein Weihnachtslied.

Der Weser-Postillion ist über 40 Jahre alt. Am 18. Oktober 1975 spielte er zum ersten Mal. Seinen Namen verdankt er einem Wettbewerb. Einige Jahre war es still um ihn geworden, doch mit der Restaurierung des »Alten Museums« wurde er vom Betreiber der darunterliegenden Bar wiederbelebt – herausgeputzt mit neuer Kleidung und einem bunten Anstrich.

Adresse über dem »Mosquito«, Brennerstraße 19, 31737 Rinteln | **Anfahrt** von der A 2 über die B 238 Richtung Steinbergen / Rinteln und rechts in die Konrad-Adenauer-Straße, dann links abbiegen in die Weserstraße, nach dem Überqueren der Weser links in die Mühlenstraße, die in die Brennerstraße übergeht | **Tipp** Rinteln hat den ältesten Nachtwächter – zumindest steht auf dem Marktplatz das erste Nachtwächter-Denkmal Deutschlands.

94__Die Rösterei

Kaffee, Tee und Leckereien

So etwas wie diesen kleinen Laden in der Rintelner Altstadt gibt es kaum noch: Im Schaufenster stehen Kaffeemühlen, nostalgische Tüten mit der Aufschrift »Kaffee immer frisch geröstet – Adolf Niemeyer Rinteln Kaffeerösterei«, daneben »Wesersteine«, »Kalter Kaffee-Likör« und andere Kaffee- und Teespezialitäten. Der Geruch von frischem Kaffee zieht die Kunden an, die alte Ladentheke erinnert an vergangene Zeiten.

Hinter dem Verkaufstresen steht Christina Bünte, die das Traditionsgeschäft übernommen hat. Eigentlich hatte die Literaturwissenschaftlerin andere Ideen, doch als sie vor einigen Jahren hier einen Übergangsjob anfing, entwickelte sich daraus für sie schnell ein neues Interesse. Leidenschaftlich arbeitete sie sich in die Welt des Kaffees und Tees ein, ließ sich das gesamte Wissen ihrer Vorgängerin Ilse Rosendahl vermitteln und überzeugte auch ihren Partner Jan Schmidt von diesem außergewöhnlichen Laden. Anfangs hatte sie nur scherzhaft über die Fortführung der Kaffeerösterei nachgedacht, doch je länger Christina Bünte dort arbeitete, desto mehr war sie überzeugt.

Zehn verschiedene Kaffee- und über 100 Teesorten sind hier im Angebot. Außerdem ausgewählte Süßigkeiten und Geschenkartikel. Doch das Besondere ist eindeutig die Atmosphäre des Ladens und die altbewährte Vorgehensweise im Verkauf. Hier werden die Kaffeebohnen noch in Blechdosen aufbewahrt, von Hand in Tüten gefüllt und mit Hilfe einer Apothekerwaage gewogen. Die Kaffeeröstmaschine steht in der angrenzenden Röststube. Täglich werden die unterschiedlichen Kaffeesorten frisch geröstet.

Die Kaffeerösterei Adolf Niemeyer gibt es bereits seit 1897. Vor einigen Jahren wäre sie fast ausgebrannt, doch die Feuerwehr konnte dieses Kleinod retten. So ist dieses kleine Einzelhandelsgeschäft dem Ort erhalten geblieben, und der Duft von frisch geröstetem Kaffee wird weiter durch die Rintelner Altstadt ziehen.

Adresse Kaffeerösterei Adolf Niemeyer, Brennerstraße 18, 31737 Rinteln, Tel. 05751/2852 | **Anfahrt** über die A 2 Abfahrt Rinteln und über die B 238 Richtung Steinbergen / Rinteln, rechts in die Konrad-Adenauer-Straße, dann links in die Weserstraße, nach dem Überqueren der Weser links in die Mühlenstraße, die in die Brennerstraße übergeht | **Öffnungszeiten** Mo – Fr 9 – 13 und 15 – 18 Uhr, Sa 8 – 13 Uhr | **Tipp** In Rinteln gibt es einen Laden der Genussmanufaktur Herkströter mit handverlesenen Likören, Digestiven, Spezialitäten und Geschenken.

95 Die Schaumburg

Märchenhafte Aussichten und feine Speisen

Sie thront auf dem Nesselberg und gab der ganzen Region ihren Namen. Früher hieß sie Schauenburg. In die weite Weserlandschaft schauen, das kann man von hier oben ganz besonders gut. Die Ursprünge der Schaumburg reichen bis in das 13. Jahrhundert zurück, 1873 wurde sie erstmals als Gasthaus eingerichtet. Dann schenkte sie der letzte deutsche Kaiser dem Hause Schaumburg-Lippe, in dessen Besitz sie sich auch heute noch befindet. Der Besucher betritt die Burg durch das Torhaus. Dort fallen ihm gleich die für die Weserrenaissance so typischen Fächerrosetten ins Auge. Sie wurden allerdings erst 1908 hier angebracht. Dennoch wirken sie absolut authentisch, weil sie nämlich von einem alten Haus aus Osnabrück stammen. Wenn man die Stufen des »Dicken Turmes« erklommen hat, bietet sich ein wunderbarer Blick auf das Wesertal zwischen Hameln und Rinteln.

Ist der Appetit am »Schaumburger Ritter« noch nicht groß genug, sollte man einen Spaziergang ein Stück hoch zur Paschenburg unternehmen. Dort stößt man unterwegs auf das sogenannte Mäumkenloch. In diesem Felsspalt soll einer Sage nach einst eine Wichtelkönigin gelebt haben, die täglich Besuch von einem der Schaumburger Grafen bekam.

Bei der Paschenburg handelt es sich übrigens gar nicht um eine echte Burg. Das Gebäude wurde erst Mitte des 19. Jahrhunderts vom damaligen Förster Karl Kayser errichtet. Sein Name prangt über dem Eingang zum Restaurant, das sich im Inneren befindet. Wenn man Glück hat und noch einen Tisch ganz vorne an der großen Fensterfront erwischt, kann man hier mit wahrhaft fürstlichem Blick speisen. Auch neben der Paschenburg steht ein Aussichtsturm.

Ein Ausflug zu den beiden Burgen ist zu jeder Jahreszeit schön. Im Frühjahr leuchten im Tal die Rapsfelder, und weiß blühende Obstbäume liegen wie dicke Tupfen in der Landschaft. Im Herbst spaziert man durch bunte Laubwälder.

Adresse Schaumburg: Burgstraße, Tel. 05152/947460; Paschenburg: Paschenburg 1, 31737 Rinteln, Tel. 05152/2547 | **Anfahrt** von Rinteln aus über die B 83, durch den Ortsteil Schaumburg der Ostendorfer Straße folgen, wird dann zu »Unter der Schaumburg« | **Öffnungszeiten** Hotel und Restaurant Schaumburger Ritter täglich ab 12 Uhr; Paschenburg Mi – Fr 12 – 15 und 18 – 21.30 Uhr, Sa und So 12 – 21.20 Uhr | **Tipp** Vor dem Tor der Schaumburg steht eine mehr als 500 Jahre alte Gerichtslinde, genannt Blutlinde, weil sie als Unschuldsbeweis einer der Hexerei angeklagten jungen Frau an diesem Ort wuchs.

96_Die Sonnenuhr
Mit der falschen Zeit

Auf dem Rintelner Prinzenhof steht ein geheimnisvolles Gebilde aus hellem Stein. Es ist ein sogenannter »Vielflächner«, der allen, die keine Uhr, Handy oder andere Zeitmesser dabeihaben, die genaue Uhrzeit verrät. Aber das Objekt zeigt lediglich die Rintelner Zeit, die von anderen Uhrzeiten abweicht. Klingt komisch, ist es auch. Es handelt sich um eine Sonnenuhr mit unterschiedlichen Zeitskalen. Die Lage aber hat eine alles entscheidende Besonderheit: Hier fällt die Sonne so ein, dass die Uhr eigentlich immer 24 Minuten nachgeht.

Die Uhrzeit am Stand der Sonne abzulesen war früher vollkommen üblich. Und lange bevor die Mitteleuropäische Zeit eingeführt wurde, hatten Ortschaften ihre eigene Uhrzeit. Mit dem Aufkommen des Eisenbahnverkehrs mussten die unterschiedlichen Zeitmessungen aus praktischen Gründen vereinheitlicht werden. Eisenbahner erfanden die sogenannte »mitteleuropäische Eisenbahn-Zeit« und somit die neue Zeit Europas. Ohne diese wären Zugfahrpläne undenkbar gewesen. Grundlage dieser allgemeingültigen Zeitmessung ist der 15. Längengrad. Entlang dieses Meridians steht die Sonne um 12 Uhr im Zenit. Rinteln liegt jedoch sechs Längengrade weiter und damit 24 Minuten westlicher. Hier steht die Sonne erst um 12.24 Uhr im Zenit.

Der Rintelner Vielflächner hat an den Seiten insgesamt elf vollständige Zeitskalen. Anders als bei anderen Sonnenuhren erfolgt der Schattenwurf nicht über einen Stab, sondern über die Kanten der verschiedenen geometrischen Formen. Auch das beliebte Motiv einer zwölfstrahligen Windrose ist auf der Sonnenuhr auf der Nordfläche zu finden. Es ist ein deutschlandweit seltenes Exemplar. Woher die Uhr stammt, weiß bisher keiner ganz genau. Eine Rintelerin hatte sie im Garten stehen und schenkte sie vor einigen Jahren dem Museum. Damit sind jedoch erst maximal 50 Jahre ihrer Geschichte erklärt.

Adresse Prinzenhof, 31737 Rinteln | **Anfahrt** von der A 2 über die B 238 Richtung Steinbergen / Rinteln bis Ausfahrt Rinteln-Mitte, rechts auf Extertalstraße, wieder rechts Seetorstraße und weiter auf Klosterstraße, dann links auf Kollegienplatz abbiegen und rechts auf den Prinzenhof | **Tipp** In Bad Eilsen und im Bückeburger Park sind zwei ähnliche Vielfächler zu sehen. Und in Rinteln am Kirchplatz befindet sich der Uhrenhersteller Schaumburg Watch, der auch Uhrenseminare anbietet.

97_ Der Hexenteich

Wo Wasser ein reines Gewissen bezeugen sollte

Die Wege im Arensburger Park sind heute überwuchert und die Teiche, von denen hier die Rede sein soll, versandet und vermodert. Lange galt die Gegend um die Arensburg vielen als ein wenig gruselig.

Dafür gab es Gründe, die bis ins 17. Jahrhundert zurückgehen. Damals nämlich wurde in den unterirdischen Gewölben des Schlosses, das sich erst im Besitz der Schaumburger Grafen und danach des Hauses von Schaumburg-Lippe befand, eine Reihe von Hexenprozessen geführt. Zwischen 1650 und 1680 sollen mehr als 20 Frauen der Hexerei für schuldig befunden worden sein. Bei den Verurteilungen taten sich insbesondere Juristen der Universität Ernestinum in Rinteln unrühmlich hervor. Auch hier in Steinbergen hatte man die makabre Idee, Schuld oder Unschuld der Verdächtigen in einer sogenannten »Gottesprobe« zu überprüfen. Die Opfer wurden, an einer Leine noch mit dem Land verbunden, in den Teich getaucht. Gingen sie im Wasser unter, galten sie als unschuldig und wurden wieder ans Ufer gezogen. Wenn sie aber oben blieben, dann waren sie schuldig und wurden anschließend, ebenfalls nicht weit entfernt, auf dem Scheiterhaufen verbrannt. Wen wundert's also, dass man hier nicht baden ging?

Mit den Jahren entschwand die Erinnerung an die finsteren Zeiten. Die Arensburg mit Park und ihren Teichen wurde ein beliebtes Ausflugsziel. Die Anlage muss einmal traumhaft schön gewesen sein. Georg-Wilhelm zu Schaumburg-Lippe ließ Schloss und Park Anfang des 19. Jahrhunderts umbauen. Es gab Teiche, exotische Bäume, Spazierwege und eine rondellartige Auffahrt, die die Besucher empfing. In den letzten Jahren ging es dann wieder äußerst unbeständig zu. Lange war in der Arensburg eine beliebte Raststätte untergebracht, dann wechselten häufig die Besitzer. Heute weiß keiner so recht, was aus dem Schloss, den Teichen und dem Park wird. Aber Gottesproben soll es nicht mehr geben.

Adresse Arensburg, Arensburger Straße 3, 31737 Rinteln-Steinbergen | **Anfahrt** aus Steinbergen kommend über die B 83 rechts in die Arensburger Straße abbiegen, insgesamt gibt es sieben Teiche, der Hexenteich ist im Park, von Steinbergen aus kommend, rechts der erste | **Tipp** Von der einstigen Universität sind in Rinteln noch die Jacobikirche und die Universitätskomisse erhalten, die früher als Studentenwohnheim diente.

98 Der Jahrtausendblick
Aussicht in altes und neues Millennium

156 Treppenstufen führen nach oben und eröffnen einen atemberaubenden Blick über das weite Wesertal und die Norddeutsche Tiefebene. Immerhin befindet man sich hier in einer Höhe von 250 Metern. Die Treppe des Turmes besteht aus mächtigen Steinquadern, die im Steinbruch von Steinbergen geschlagen wurden. Gleichzeitig bildet sie den Sockel für die Aussichtsplattform und wirkt so trotz ihrer Massivität nicht zu monumental. Die Plattform ragt etwa 30 Meter über den Kamm des Messingberges hinaus. Sie wird von zehn grünlichen Glasrahmen, die jeweils an Stahlkonstruktionen befestigt sind, eingerahmt und bildet auf diese Art einen begehbaren Raum. Aus der Ferne hat die gesamte Konstruktion etwas Skulpturales. Das Treppenbauwerk sollte gleichzeitig die enorme Bedeutung des Materials als gestaltendes Element veranschaulichen.

Der Jahrtausendblick entstand im Jahr 2000 im Rahmen der Expo. Von hier aus hätte man am 31. Dezember 1999 um kurz vor 24 Uhr im Westen das alte, im Osten das neue Jahrtausend erblicken können. Daher der Name. Er liegt innerhalb des Areals der »Steinzeichen Steinbergen« und überragt die Landschaft. Beim Besuch dieses Erlebnis- und Kulturparks konnte man einiges über die Entwicklungsgeschichte des Steins erfahren. Der Parkplatz unterhalb des Areals macht deutlich, dass mit vielen Besuchern gerechnet wurde. Leider konnten die Steinzeichen die erwarteten Besucherzahlen in den letzten Jahren nicht erreichen. Deshalb wird zurzeit an neuen Konzepten gearbeitet. Nach Voranmeldung können allerdings Gruppen ab zehn Personen den Jahrtausendblick besteigen. Außerdem gibt es hier Deutschlands höchste Kletterwand, eine Bogenschießanlage und einen Airtrail-Park. Dort erhält man Helm und Sicherheitsgurt, um anschließend an Seilrutschen in einer langsam sich steigernden Höhe von zwei bis zu 20 Metern von Plattform zu Plattform zu gleiten.

Adresse Arensburger Straße 4, 31737 Rinteln-Steinbergen, Tel. 05751/403980 | **Anfahrt** A 2, Abfahrt Bad Eilsen-Ost, die Arensburger Straße führt in Richtung Steinbergen | **Öffnungszeiten** geführte Wanderungen für Gruppen ab 10 Personen über www.westliches-weserbergland.de/erlebniswelt-steinzeichen | **Tipp** Im nahen Rinteln besteht von Anfang März bis Mitte Oktober die Möglichkeit, mit einer Draisine zu fahren (Informationen unter www.draisinen.de).

99_Die Lost Places

Vergessene Orte im Weserbergland

Im kleinen Hemmendorf, einem Stadtteil von Salzhemmendorf, der selbst ein klein wenig verloren wirkt, kann man gleich drei verlassene Orte entdecken, die Geschichten von früher erzählen. Es existiert heute eine ganze Community, die auf der Suche nach diesen Lost Places ist. Orte, an denen einst gearbeitet und gelebt wurde, an denen ein Ereignis stattfand. Heute sind sie dem Verfall preisgegeben und atmen so eine eigene Atmosphäre, die viele fasziniert. Gleich am Eingang des Ortes, aus Richtung Salzhemmendorf kommend, liegt ein Sühnestein. Solche Steine wurden im Mittelalter und der frühen Neuzeit dort aufgestellt, wo ein Mord geschehen war. Diesen schmücken einfache Ornamente und Moosflechten.

Und dann wäre da der alte Eiskeller. Bis ins 19. Jahrhundert wurde er vom Ratskeller genutzt, zu dem er gehörte. Der Keller besteht aus Steinblöcken, die tief in die Erde eingegraben sind. Vorne befindet sich eine Öffnung, die heute mit Latten verschlossen ist. Man vermutet, dass er im 17. Jahrhundert von einer Brauerei errichtet wurde. Die hier aufbewahrten Eisblöcke hielten sich durch die Kälte im Erdreich oft bis in den Sommer hinein. Heute wird die Fläche davor als Lagerplatz genutzt, weshalb er gar nicht so leicht zu entdecken ist.

Der dritte verlassene Ort ist ein jüdischer Friedhof. Im kleinen Hemmendorf gibt es längst kein jüdisches Leben mehr. Ein einsamer Gedenkstein, den die jüdische Gemeinde Niedersachsen in den 60er Jahren errichten ließ, erinnert an die Menschen anderen Glaubens, die hier, wie an vielen Orten Deutschlands, die Gesellschaft bereicherten. Ein einsamer, trauriger Anblick. Schon in der Reichskristallnacht vom 9. November 1938 wurde der Friedhof geschändet und Gräber zerstört. Anschließend gab der damalige Bürgermeister das Gelände zur Gartennutzung frei. Die einstige Befriedung aus Sandsteinen gibt es noch; sie umrahmt den heute verwaisten Ort.

Adresse 31020 Salzhemmendorf-Hemmendorf, an der Straße »Marktplatz« ist eine Tafel aufgestellt, auf der alle Sehenswürdigkeiten eingezeichnet sind: der Eiskeller liegt dort, wo B 1 und die Straße »Vor dem Tore« aufeinanderstoßen, der jüdische Friedhof an der Straße »Vor dem Tore« Richtung Salzhemmendorf | **Anfahrt** direkt an der B 1 nordöstlich von Salzhemmendorf | **Tipp** Eine Gerichtslinde, genannt Tilly-Linde, steht nördlich des Ortes an einem Feldweg nahe der Roederstraße. Und in Elbrinxen, einem Ortsteil von Lügde, steht auf dem Friedhof die Wittekind-Linde. Sie galt lange als älteste Linde Deutschlands und ist circa 1.000 Jahre alt.

100 — Der Ithturm

Der Weg ist das Ziel

Gegen Ende des 19. Jahrhunderts erfreut sich das Wandern in der freien Natur neuer Beliebtheit. Nach und nach entstehen immer mehr markierte Wanderwege und mit ihnen viele Aussichtstürme, die als ein lohnendes Ziel erscheinen und viele Besucher anziehen. Auch der Plan, auf dem lang gestreckten Ithkamm einen Turm zu errichten, nimmt seinen Beginn um diese Zeit. Die Planung und das Sammeln des nötigen Baugeldes verzögern den Baubeginn, aber am Himmelfahrtstag, dem 16. Mai des Jahres 1912 ist es endlich so weit, und der Ithturm wird feierlich eingeweiht.

Der 13,80 Meter hohe Aussichtspunkt entstand aus im Ith gebrochenen Dolomitsteinen. Über eine Treppe mit 63 Stufen gelangt man nach oben. Von hier aus blickt man weit über den Ithkamm. Unten liegt die kleine Ortschaft Bisperode, in der es lohnt, sich das denkmalgeschützte Wasserschloss auch einmal von Nahem anzusehen. Und auch den Segelflugplatz Ith-West kann man entdecken. Zu den Bisperoder Klippen, die bei Kletterern beliebt sind, ist es vom Turm aus auch nicht weit. Der Ithturm steht auf dem Lauensteiner Kopf, der mit 439 Metern höchsten Erhebung des Ithkamms. Man ist dem Himmel also schon ein wenig näher gekommen, wenn man den Fuß des Turmes erreicht hat. Der Ithkamm mit seiner Ausdehnung von insgesamt 22 Kilometern ist übrigens der längste Klippenzug Norddeutschlands. Der nördliche Teil trägt den Namen Krüllbrink, weshalb der Turm oft auch Krüllturm genannt wird.

Eine Wanderung ist insbesondere im Frühjahr schön, wenn zwischen den noch kahlen Laubbäumen Veilchen, Buschwindröschen, Himmelsschlüssel und andere Frühlingsblumen sprießen. Später folgen Bärlauch, Goldnesseln und rote Lichtnelken, und unten im Tal leuchten die Rapsfelder. Möchte man sein mitgebrachtes Picknick verzehren, kann man das am Rastplatz unterhalb des Turmes tun.

Adresse in der Nähe von 31020 Salzhemmendorf-Lauenstein | **Anfahrt** von der B 1 auf die L 425, dort befindet sich ein Wanderparkplatz, von dem aus ein schmaler Wanderweg über den Ithkamm direkt zum Ithturm führt | **Öffnungszeiten** ganzjährig | **Tipp** Einen Blick auf das schöne Wasserschloss in Bisperode werfen, das leider nicht für die Öffentlichkeit zugänglich ist. Und in der Mühlenstraße 17 liegt die Kunstschmiede Reichenbach. Im Garten hinter dem hübsch verzierten Zaun stehen Beispiele der Schmiedekunst. Bei Interesse einfach klingeln!

101__ Die Mosterei

Eigene Säfte herstellen

In der Mosterei in Ockensen kann man seinen eigenen Saft herstellen oder im Café einkehren. Hier herrscht eine angenehme Atmosphäre: Im Hof stehen Apfelkisten, ein älterer Herr liefert mit einem Jungen seine Apfelladung im Handwagen ab, und aus dem Café schallt dazu fröhliches Gelächter. Ein dicker roter Apfel ziert die Einfahrt des Hofes von Constanze Wittig und Olaf Seifert. Darunter sind je nach Jahreszeit Strohballen, eine alte Milchkanne, Blumen oder andere Pflanzen, Zweige oder Gestecke drapiert. Hier wird noch alles selbst gemacht, kommt frisch auf den Tisch oder direkt ins eigene Auto. Wer seinen eigenen Saft herstellen will, benötigt einen Termin, eigenes Obst (mindestens 50 Kilogramm bei Äpfel und Birnen, 20 Kilogramm bei anderen Obstsorten!) und Behälter zum Abfüllen. Dann kann es losgehen und eine individuelle Saftkreation fabriziert werden.

Die Mostsaison beginnt in Ockensen mit der Reife der ersten Früchte – also in jedem Jahr unterschiedlich. Zumeist sind ab Juni Beeren und Sauerkirschen reif, später folgen Äpfel, Birnen oder Holunder und alles, was sich sonst noch zum Mosten eignet. Das Ende der Saison richtet sich ebenfalls nach dem Obst und der Nachfrage der Kunden. Danach wird es etwas ruhiger und im Café immer gemütlicher. Selbst gebackene Kuchen werden immer angeboten und im Herbst Zwiebelkuchen oder Grünkohl-Essen. Seit 2006 gibt es das Café und Restaurant in der Scheune. Natürlich mit saisonalen Angeboten, die möglichst aus der Region oder den eigenen Streuobstwiesen stammen.

Besondere Aktionen wie ein Candle-Light-Dinner zum Valentinstag, ein skandinavisches Büfett, um die Mittsommernacht zu feiern, oder ein festliches Büfett zu Weihnachten gibt es fast im ganzen Jahr. Außerdem werden im Hofcafé regionale Spezialitäten angeboten, wie zum Beispiel »Birgit's Bauernwurst nach Hausfrauen Art«.

Adresse Mosterei Ockensen, Bergstraße 6, 31020 Salzhemmendorf-Ockensen, Tel. 05153/801824, www.diemosterei.de | **Anfahrt** über die B 1 Richtung Salzhemmendorf und weiter Richtung Thüste, rechts nach Ockensen | **Öffnungszeiten** Scheunencafé Mi–So 9.30–18 Uhr, in der Mostsaison täglich | **Tipp** In Dassel wird seit über 100 Jahren Creydt Fruchtsaft hergestellt. Begonnen hat das Unternehmen als Apfelkelterei, inzwischen gibt es ein Sortiment, das sich aus Bio- und Direktsaft, Konzentrat oder Nektar zusammensetzt.

102___Der Wasserbaum

Wunder der Natur

Der Wasserbaum von Ockensen ist ein Wunder der Natur, welches jedoch von Menschenhand geschaffen wurde. Grün bemoost ist die kuriose, springbrunnenartige Fontäne, die am Rande der kleinen Ortschaft liegt. Sie ist fast fünf Meter hoch, thront auf einem Felsen und ist umgeben von Wiesen, Bäumen und Feldern. Das Naturdenkmal entstand vor rund 100 Jahren und ist genau genommen ein Überlaufrohr.

Damals stand ganz in der Nähe ein Sägewerk. Dieses benötigte die Kraft des Wassers, um die Turbine anzutreiben. So legte der Müller in einigen hundert Meter Entfernung einen Mühlenteich mit Rohrleitungen an, die das Wasser auf einfache Art zur Mühle transportierten. Damit der Druck auch hoch genug war, musste der Teich reichlich gefüllt sein. Immer wieder ging der Müller los, um den Wasserstand des Teiches zu überprüfen. Das war ihm bald zu umständlich, und er dachte sich eine Konstruktion aus, um von der Mühle aus sehen zu können, ob genügend Wasser im Teich war. Sägemüller Hermann Meyer baute ein Überlaufrohr unterhalb des Teiches. Und wenn es daraus sprudelte, war er zufrieden, denn der Teich war ausreichend voll. Mit den Jahren lagerte sich Kalk an, und eine Art Tuffstein bildete sich. Darauf wuchs Moos, und der Wasserbaum entstand.

Das alte Sägewerk gibt es schon lange nicht mehr. Der Sägemüller und Holzhändler soll sich finanziell übernommen haben und verkaufte die Anlage an die Forstverwaltung. Das Rohr ließ man weiter sprudeln, und so konnte hier der einzigartige und kuriose Wasserbaum weiter wachen und erhalten werden. 1970 wurde die allmählich verwildernde Anlage vom Gestrüpp befreit, zwei Jahrzehnte später von Spezialisten repariert. 2004 feierte der Wasserbaum seinen 100. Geburtstag und bekam eine Sitzgruppe geschenkt. Die Geschichte seiner Entstehung wird auf einer Tafel erklärt, und daneben beginnt ein Waldlehrpfad.

Adresse Zum Wasserbaum 55, 31020 Salzhemmendorf-Ockensen | **Anfahrt** über die B 1 Richtung Salzhemmendorf und weiter Richtung Thüste, dann rechts nach Ockensen und der Beschilderung zum Wasserbaum folgen | **Tipp** Nur wenige Kilometer entfernt befindet sich der Lönsturm auf dem 444 Meter hohen Kanstein – ein Aussichtsturm, der nach dem Heimatdichter Hermann Löns benannt wurde und Blicke über die Baumwipfel der Gegend ermöglicht.

103__ Das Fischhaus

Wie die Meeresfische ins Binnenland kamen

Das Fischhaus Blanke in Stadthagen kann auf eine lange und besondere Geschichte zurückblicken. Immerhin war die Gründung eines Fischhandels im norddeutschen Hinterland im Jahr 1924 ein mutiges Unterfangen. So etwas gab es dort noch nicht. Zu weit waren die Wege bei den damaligen Transportmöglichkeiten. Wie sollte der frische Fisch innerhalb weniger Stunden bis hierher kommen? Aber von solch hasenfüßigen Überlegungen ließ sich der Großvater des heutigen Betriebsinhabers Martin Blanke nicht einschüchtern. Es war auch eine Flucht nach vorne, denn sein Vater war beim Fischfang umgekommen. Der Gründer selbst arbeitete bis dahin auf einem Heringslogger auf der Nordsee. Das einschneidende Erlebnis führte ihm die Gefahren mehr als deutlich vor Augen.

Seine Ware holte Ernst Blanke, der die frischen Meeresfische im Binnenland einführte, selbst in der Nacht mit dem Motorrad aus Bremerhaven. Und er kreierte eine Marinade für eingelegten Hering, die bald zum Verkaufshit wurde. Das Rezept gibt es bei Blanke noch heute. Der Fischladen zählt zu den großen Spezialgeschäften. Die Zeitschrift »Der Feinschmecker« nannte das Fischhaus Blanke vor einigen Jahren eine der besten Adressen für frischen Fisch in ganz Deutschland.

Das Ladengeschäft ist heute in einem wunderschönen, mehr als 400 Jahre alten Fachwerkgebäude untergebracht. Draußen, rechts oberhalb der Tür, baumelt das verzierte Ladenschild mit dem goldenen Karpfen. Die täglichen Fahrten mit dem Kühlwagen zu vertrauten Händlern in Bremerhaven, Hamburg oder Cuxhaven bürgen für Frische. Matjes wird hier selbst mariniert, Feinkostsalate täglich zubereitet, und der Räucherfisch kommt aus der eigenen Räucherei. Martin Blanke setzt auf Qualität und gute Zutaten. 1992 eröffnete der Familienbetrieb ein Restaurant in der Rathauspassage. Raten Sie mal, was dort auf den Teller kommt?

Adresse Niedernstraße 48, 31655 Stadthagen, Tel. 05721/2267 | **Anfahrt** über die B 65 nach Stadthagen, in die Habichhorster Straße Richtung Zentrum, dann im 2. Kreisverkehr rechts in die Obernstraße und links halten zur Wallstraße, dort wenn möglich parken, es gibt ein Parkhaus, das Zentrum von Stadthagen ist verkehrsberuhigt | **Öffnungszeiten** Mo 8–14 Uhr, Di–Fr 8–18 Uhr, Sa 7–13 Uhr | **Tipp** Der stillgelegte Georgschacht, eine verfallende Industrieruine, liegt in der Straße »Am Georgschacht«, einen guten Kilometer vom Zentrum entfernt.

104__Das koreanische Hotel

Ein Muss inmitten der Weserrenaissance

Von außen deutet absolut gar nichts darauf hin, was einen im Hotel »Zur Amtspforte« erwartet. Direkt neben Fachwerkhäusern und nur einige Schritte entfernt vom eindrucksvollen Weserrenaissance-Schloss betritt der Besucher dieses Hotels eine andere Welt. Es ist frisch renoviert und durchweg asiatisch eingerichtet und hat nun ein koreanisches Restaurant. Die Eigentümer sind Koreaner und führen das Hotel in der zweiten Generation. Da in der koreanischen Küche viel Knoblauch verwendet wird, begannen sie mit »gemäßigten« asiatischen Gerichten wie zum Beispiel gebratener Ente, die eigentlich gar nicht aus Korea stammt. Weil diese immer noch beliebt ist, steht sie weiter auf der Speisekarte, neben besonderen Spezialitäten aus Korea.

Das Hotel haben die Eltern des heutigen Geschäftsführers Toni Ahn-Bosch in den 80er Jahren übernommen. Beide waren als Gastarbeiter nach Deutschland gekommen. Kurz nachdem sich die beiden kennenlernten, zog der Vater aus Liebe nach Stadthagen. Und bald darauf wagten die zwei völlig blauäugig mit dem »Hotel zur Amtspforte« den Schritt in die Selbstständigkeit. Inzwischen steht fest, dass der Familie etwas Einzigartiges im Weserbergland gelungen ist: ein Hotel mit dezenten, geschmackvollen Zimmern, ein moderner Frühstücksraum und dann noch das auch ästhetisch ansprechende koreanische Lokal. Es wird von den Einwohnern, aber auch von den Geschäftsleuten, die hier häufig Station machen, gut angenommen.

Das Gesamtbild vermittelt eine warme, klare Linie, viel Holz wurde verwendet, die Wände sind in dezenten Tönen gestrichen. Am bemerkenswertesten sind aber die fernöstlichen Bilder und kleinen asiatischen Details. Ein Schwarz-Weiß-Bild zeigt die Mutter im Jahr 1964. »Es ist eines der letzten Bilder von ihr aus Korea, bevor sie ins Weserbergland zog«, erklärt der Sohn Toni Ahn-Bosch, der hier inzwischen seine Ideen umgesetzt hat.

Adresse Hotel & Restaurant »Zur Amtspforte«, Obernstraße 31, 31655 Stadthagen, www.hotel-zur-amtspforte.de, Ziel Wallstraße ins Navi! | **Anfahrt** über die B 65 Richtung Stadthagen, über Vornhäger Straße (L 445) links auf den Ostring, im Kreisverkehr die 1. Ausfahrt (Habichhorster Straße L 444) und wieder im Kreisverkehr die 1. Ausfahrt Obernstraße, dann links auf die Klosterstraße und zur Wallstraße | **Tipp** Toni Ahn-Bosch hat sich auch für Bier aus Stadthagen engagiert, und in Kürze übernimmt er die Gastronomie im Lustschloss im schräg gegenüberliegenden Park. Geplant ist eine minimalistisch-skandinavische Küche.

105_Die Anneke-Mey-Statue

Tapferes Mädel

Den Bahnhofsberg ziert eine Besonderheit: Eine junge, schlanke Frau mit einem Hut in der Hand steht dort auf der linken Seite Richtung Bahnhof gewandt. Dieses Mädchen, das in Sandstein gemeißelt wurde, symbolisiert die Liebe zur Heimat und ist zugleich eine Figur des bekannten Dichters Wilhelm Raabe. Er stammt aus Eschershausen, in seinem Geburtshaus befindet sich das Wilhelm-Raabe-Museum. Einige seiner Geschichten spielen im Weserbergland. Raabe verbrachte seine Kindheit und Schulzeit in Holzminden und Stadtoldendorf, am ehemaligen Wohnhaus auf dem Marktplatz wurde eine Hinweistafel angebracht.

Bei dem Mädchen handelt es sich um Anneke Mey, eine Figur aus dem Roman »Der Junker von Denow«. Die Skulptur hat der Bildhauer Walter Lüchow geschaffen, von dem weitere Werke im Ort zu finden sind. So zum Beispiel das Kräuterweib Jule Johler, der Bärenbrunnen oder die Säule am Marktbrunnen, auf der ein Löwe mit dem Stadtwappen an die alten Stadtrechte erinnert. Anneke Mey aber entstammt einer Novelle, in der poetisch und mit Gefühl nicht zuletzt die Verbundenheit mit dem Ort beschrieben wird. In der Geschichte ist sie ein Soldatenkind, das unerschrocken und tapfer durchs Leben geht. Sie war wie ein guter Engel für das Heer, und die Söldner respektierten sie. Als sie einen Junker in Sicherheit bringen will, spricht sie ihrer Heimat eine Liebeserklärung aus: »In meiner Heime ist es gar schön. Da sind die Berge und Wiesen so grün, da schaut die alte Burg, sie heißen sie die Homburg, herab auf das Städtel …«

Die Homburg ist nur noch eine Ruine, die oberhalb des Ortes auf dem Großen Homburg liegt. Erhalten sind Treppenreste vom Burgtor, ein Gewölbe und einzelne Mauerreste. Die Ruinen der Burg können frei besichtigt werden.

Das anmutige, unverzagte Mädchen bekam seinen Platz, um ein sichtbares Andenken zu schaffen. Anneke Mey kann von hier über ihre Heimatstadt schauen.

Adresse Braaker Straße, 37627 Stadtoldendorf | **Anfahrt** B 64, von der L 583 aus Eschershausen kommend über die Deenser Straße, dann links auf die Braaker Straße abbiegen, rechts liegt der Bahnhofsberg | **Tipp** In der Ketterstraße steht der Jule-Johler-Brunnen. Henriette Juliane Johler lebte von 1822 bis 1910 tatsächlich in Stadtoldendorf. Ein echtes Original, das für ihre heilsamen Kräuter, die sie in der Umgebung sammelte, und ihre Ratschläge bei Krankheiten bekannt war. In Holzminden steht ein Wilhelm-Raabe-Brunnen.

106__ Der Nasse Wolkenbruch

Als die Erde einst ins Rutschen kam

Vom Parkplatz aus muss man erst ein Stück den Pfad nach oben steigen. Dann führt ein schmaler, steiler Weg wieder hinunter bis zum geheimnisvollen Krater. Der Wald mit seinen knorrigen Bäumen, die den Nassen Wolkenbruch umgeben, wirkt selbst schon ein wenig magisch. Das liegt sicher auch daran, dass die Natur hier sich selbst überlassen ist und wie in einem Urwald wuchern kann.

40 Meter geht es hinunter, bis man zu dem kleinen Teich gelangt. Dass es hier unten Wasser gibt, sorgt für das »nass« im Namen des Kraters. Es gibt nämlich noch einen Wolkenbruch in 400 Meter Entfernung, aber der ist eben trocken. Die Angaben für die Tiefe des Wassers im Teich variieren zwischen neun und 16 Metern.

Im Grunde handelt es sich bei diesem Naturphänomen um unterirdische Auswaschungen, die im Laufe von Millionen von Jahren entstanden sind. Es ist möglich, dass sich eine dünne Schicht, die sie lange Zeit abdeckte, während eines tagelangen Unwetters öffnete und so die darunterliegenden Trichter erst sichtbar wurden. Auf diese Art erklärt sich das im Volksmund entstandene Wort der »Wolkenbrüche«. Eine Schautafel am Parkplatz erläutert das Phänomen.

Und weil wir im Weserbergland so vielen Märchen und Sagen begegnen, gibt es auch zum Wolkenbruch eine zu erzählen: Die böse Riesin Trendula soll nämlich alle sieben Jahre aus den Tiefen des Nassen Wolkenbruchs auftauchen und darum flehen, dass doch jemand sie von ihrem Fluch befreie. Zwischen ihr und ihren zwei Schwestern Saba und Brama kam es zum handfesten Streit, weil Trendula ihren heidnischen Glauben nicht aufgeben wollte. Da ließen sich die christlichen Schwestern eigene Burgen bauen. Das erzürnte Trendula so sehr, dass sie Saba heimtückisch ermordete. Daraufhin wurde sie selbst im Nassen Wolkenbruch vom Blitz erschlagen. Dort hockt sie nun am tiefen grünen Grund und hofft auf ihre Erlösung.

Nasser Wolkenbruch
Durchmesser: 150m · Umfang: 470m
Gesamttiefe: 60m · Wassertiefe: 16m
Inhalt des Erdtrichters: 353400 m³

Adresse Wolkenbruch, 34388 Trendelburg | **Anfahrt** über die B 83 bis Trendelburg, dort auf Friedrichsfelder Straße abbiegen, die zur L 763 wird, nach gut 1 Kilometer liegt der Wolkenbruch auf der linken Seite | **Tipp** Vom Hofgut Stammen aus, das in circa zwei Kilometer Entfernung liegt, werden Kanu-Touren auf der Diemel angeboten (Infos unter Tel. 05675/725094 oder 0170/1805186, www.hofgut.de).

107_ Das Baumhaushotel

Vom Träumen auf Bäumen

Hat man als Kind einmal in einem Baumhaus geschlafen, dann träumt man auch als Erwachsener so manches Mal wieder davon. Und wenn man noch nie auf einem Baumhaus gewesen ist? Dann vielleicht erst recht. Im Solling gibt es seit 2008 so ein Hotel in den Bäumen. In der Nacht kann man den Geräuschen des Waldes lauschen. Das ist ganz schön ungewohnt, wenn man es lange nicht erlebt hat. Man wundert sich, was dann im stillen und dunklen Wald so los ist.

Baumhaushotels liegen in Deutschland voll im Trend. Auf der Kulturinsel Einsiedel im Spreewald eröffnete 2005 das erste, mittlerweile gibt es eine ganze Reihe in vielen Bundesländern. Die Standards sind sehr unterschiedlich. Von Komposttoilette und Gemeinschaftsdusche bis zu feinem Design ist alles dabei. Das Baumhaushotel Solling ist eher naturnah, aber komfortabel. Insgesamt gibt es neun Baumhäuser mit jeweils zwei bis sechs Schlafplätzen. Geduscht wird im sogenannten Komfort-Duschwagen auf dem Gelände. Und hat man die Übernachtung inklusive Frühstück gebucht, wird es einem am Morgen aufs Baumhaus serviert. Oder man frühstückt bei gutem Wetter auf der schönen Sonnenterrasse.

Das Haus »Baumtraum« wird von den Betreibern übrigens nur schwindelfreien Gästen empfohlen. Es befindet sich nämlich in sieben Meter Höhe und hängt dort zwischen zwei Buchen. Man erreicht es über eine Hängebrücke. Über die muss man sich auch hangeln, will man zur dazugehörigen Toilette gehen, die in einem kleinen Extrahäuschen steckt. In nicht ganz so spektakulärer Höhe liegen all die anderen Baumhäuser. Sie sind jeweils über ganz normale Holztreppen zu erreichen. Alle sind beheizt und können so auch während der kalten Jahreszeiten besucht werden. Seit Neuestem werden auch Baumzelte angeboten. Sie werden in ungefähr 1,5 Meter Höhe zwischen mehrere Bäume gespannt und erinnern ein bisschen an Ufos.

Adresse In der Loh, 37170 Uslar, Tel. 05571/919305, www.baumhaushotel-solling.de, Parken: Parkplatz ErlebnisWald | **Anfahrt** aus Uslar über die B 241 fahren, dann der B 497 in Richtung Naturpark Solling folgen, nach einem guten Kilometer geht es zu den ausgeschilderten Baumhäusern | **Tipp** Beim Wildpark-Haus des Naturpark Sollings befindet sich der Eingang zum Wildpark, und Sie erhalten nützliche Informationen zur Region. Im Park gibt es täglich Flugvorführungen eines Falkners (www.naturpark-solling-vogler.de).

108 Die Ilse-Siedlung

Rendezvous mit Nierentisch

Im Jahr 1990 ging in Uslar eine Ära zu Ende: Das Traditionsunternehmen Ilse-Möbel musste Konkurs anmelden. Genau 100 Jahre hatte es von der Firmengründung einer Drechslerwerkstatt bis hin zur Fabrikproduktion mit mehr als 2.500 Arbeitnehmern und schließlich dem endgültigen Ende des Möbelherstellers gedauert. Jahrzehntelang prägte das Unternehmen den Ort, der so zu »Uslar – Stadt der Ilse-Möbel« wurde. Firmeneigene Güterzüge gab es, und vier über die Stadt verteilte Werke. Die Firma produzierte nicht nur, sondern führte auch alle Arbeitsschritte vom Baumfällen bis zur Auslieferung aus. Weltbekannt wurde der Nierentisch, aber auch die Musiktruhen, Phonoschränke und höhenverstellbaren, ausziehbaren Tische. Uslar wurde im Zweiten Weltkrieg nicht zerstört, sodass direkt danach wieder mit der Produktion begonnen werden konnte. Das Geschäft boomte, denn Deutschland befand sich im Aufbau, und Möbel wurden überall gebraucht.

Einige Gebäude aus der Ilse-Möbel-Ära existieren noch: So die Ilse-Siedlung, das Ilse-Filmtheater und die Villa des Eigentümers bei Eschershausen. Aus ihr ist ein Tagungshotel geworden, aus dem früheren Kulturzentrum »Ilse-Lichtspiele« wurde ein Kino, das inzwischen leer steht. Die Siedlung aber ist lebendig und bewohnt. 42 Häuser gehören dazu, die in den Jahren 1938/39 für Werksarbeiter gebaut wurden und damals eine deutliche Verbesserung der bisherigen Wohnverhältnisse bedeuteten. Eigentlich sollten 60 Arbeiterfamilien hierherziehen, doch der dritte Bauabschnitt konnte nach Ausbruch des Krieges nicht mehr verwirklicht werden. Die Kolonie wurde bereits mehrfach für »Die beste Kleinsiedlung« nominiert und prämiert.

Was die Ilse-Ära für den Ort bedeutet hat, wissen heute noch einige Alteingesessene. Legendär waren damals die Weihnachtsfeiern, bei denen Schauspieler aus dem Ilse-Theater Geschenke an die Mitarbeiter verteilten.

Adresse Walter-Ilse-Straße, Karl-Ilse-Straße, Lavesstraße, 37170 Uslar | **Anfahrt** über die B 241 bis Bahnhofstraße, Wolfhagen, Auschippe und rechts in die Lavesstraße abbiegen | **Tipp** Die Brüder Karl (der ungekrönte »König von Uslar«) und Walter Ilse hatten entscheidend zum Erfolg des Unternehmens beigetragen. Ihre Villen stehen noch. Die eine wurde Kreml getauft, in der anderen am Ortsrand von Eschershausen wurde der Wedel-Film »Der große Bellheim« gedreht. Mario Adorf residierte hier als Bellheim. Heute ist es ein Hotel (Villa Silva).

109_ Der verwunschene Raum
Die Totenkronen

Über Jahrhunderte gab es bei Protestanten und Katholiken in Mitteleuropa die Tradition, unverheiratete Verstorbene bei der Beerdigung mit Totenkronen zu schmücken. Diese Kronen wurden aus Seidenpapier angefertigt und auf das Kopfende des Sarges oder in die Hand des Toten gelegt. Nach der Beerdigung fertigte ein Tischler zur Aufbewahrung einen Holzkasten an, in dem die Krone zusammen mit einer Gedenktafel in der Kirche aufgehängt wurde. Dahinter verbirgt sich der Gedanke, dass im Tode die Hochzeit mit Gott vollzogen wird, sodass sie auch als Hochzeitskronen anzusehen sind. Dieser Brauch endete im Laufe des 19. Jahrhunderts.

In das Museum in Uslar gelangten durch Zufall einige Totenkronen. Es sind die nördlichsten Beispiele, sie stammen aus der Kapelle des kleinen Ortes Vahle. Bei der Renovierung entdeckte sie ein Handwerker und fand sie zu schade zum Wegwerfen. Es sind wunderschöne Kästen, Kronen und Gedenktafeln, die in ihrer Einzigartigkeit und Zartheit geradezu bezaubern. Die Behälter sind bunt verziert, filigran und erinnern ein wenig an reich geschmückte Kutschen in Kleinformat, die etwas Wertvolles in sich tragen. Die Kronen bestehen aus zarten und zerbrechlichen Blüten. Sie liegen zumeist auf einem Kissen, worin die Initialen der Verstorbenen eingestickt sind. Die dazugehörigen Gedenktafeln sind dekoriert mit Engeln, farbig umrandet und haben rührende Texte, mit denen die Hinterbliebenen getröstet werden sollen. So steht zum Beispiel auf einer Tafel, dass die Eltern nicht mehr weinen sollen, denn der Tote werde nun der bereits verstorbenen Schwester folgen und ihr Gesellschaft leisten können. Oder »Ich reise in den Himmelsthron und bleibe ewig Euer Sohn«.

Die älteste der erhaltenen Totenkrone aus Vahle stammt aus dem Jahr 1814, die jüngste ist von 1875. Insgesamt sind 27 Totenkronen erhalten.

Adresse Museum Uslar, Mühlentor 4, 37170 Uslar, Tel. 05571/307141 | **Anfahrt** über die B 241 nach Uslar, dem Straßenverlauf folgen bis Bahnhofstraße, in Bella Clava abbiegen, die Straße Mühlentor liegt rechts | **Öffnungszeiten** Di–So 15–17 Uhr, Fr 10–12 Uhr | **Tipp** Auch in der Kapelle in Vahle sind zwei Totenkronen zu sehen. Zwei weitere befinden sich im Heimatmuseum Northeim und eine in Oedelsheim. Alle anderen sind im Museum in Uslar. Darin befindet sich auch ein Foltergerät – der sogenannte Uslarer Pranger.

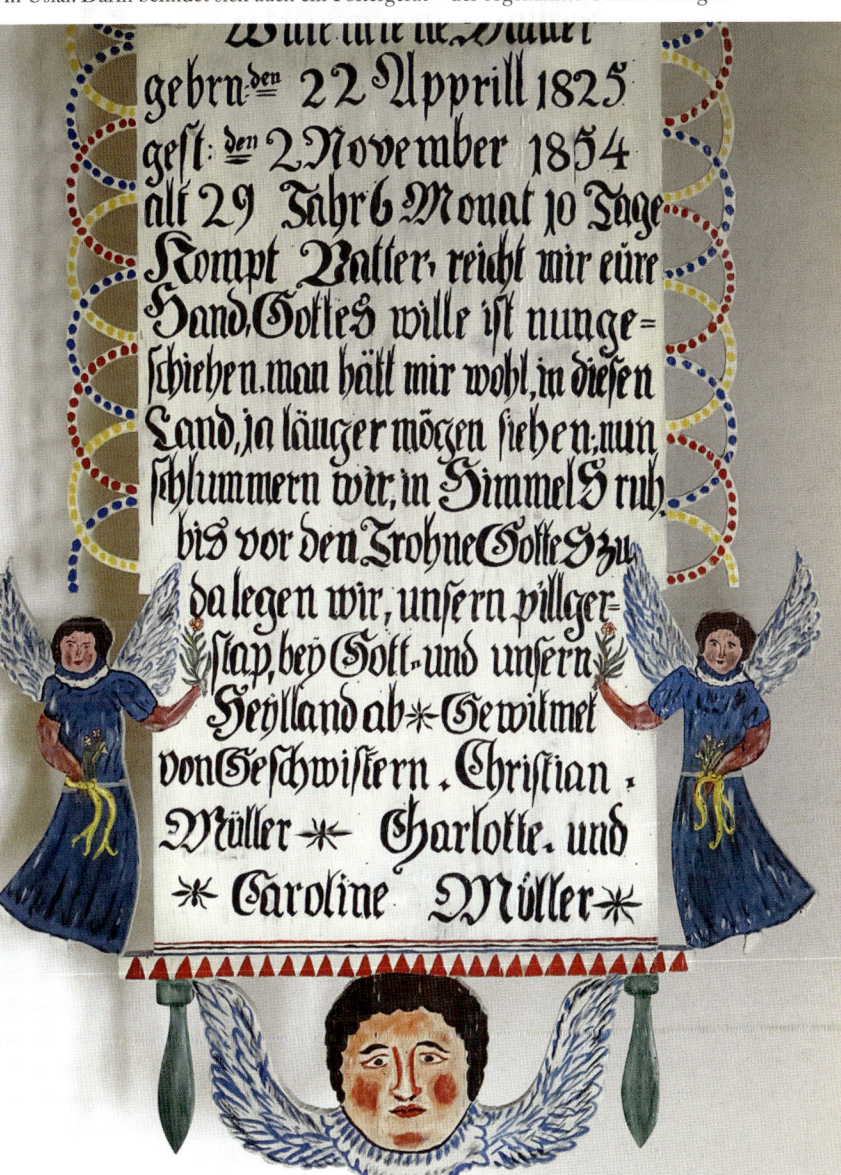

110__ Die Klosterkirche

Wo weite Gewölbe sich gen Himmel erheben

In den Klosterhof gelangt man durch ein offenes Tor. Dahinter tut sich ein Ensemble auf, das ein wahres Kleinod bildet. Auf der rechten Seite liegt die 300 Jahre alte Herberge. Hier sind insbesondere Seminargruppen, aber auch Wanderer und Radfahrer willkommen, die Sinn für die Umgebung haben. Schräg gegenüber, ebenfalls in einem alten Gemäuer, befindet sich das Besucherzentrum Klosterpforte. Neben Informationen zur Kirche erhält man dort außerdem Tipps für lohnenswerte Ziele in der Umgebung. Die Größe der zentralen Klosterkirche überrascht dann doch. Ihre Entstehung aus graubraunem Sandstein geht zurück bis ins 11. Jahrhundert, als Benediktinerinnen sich in Lippoldsberg niederließen. Die dreischiffige Kreuzbasilika wurde 1150 fertiggestellt. Ihre Bauzeit war nicht lang, sodass sie im reinen Stil der Romanik errichtet wurde und keine anderen Architekturströmungen Einfluss nahmen – einer der Gründe dafür, weshalb diese Kirche heute ein Kleinod ist.

Zuerst gelangt man in die wunderschöne, niedrig gewölbte Nonnenkrypta. Gleich darüber liegt die einstige Nonnenempore, auf der sich heute die Orgel befindet. Einige Schritte weiter im Hauptschiff geht der Blick nach oben, und man fühlt sich klein. Und so soll es ja wohl auch sein, denn in einer romanischen Kirche sollte zuallererst die Allmacht Gottes zu spüren sein. Gleichzeitig betrachtet man da oben aber auch eine der Besonderheiten dieses Bauwerks: Es gilt als erster vollständig eingewölbter Kirchenbau Norddeutschlands. Das Hauptschiff überragt die beiden Seitenschiffe, sodass in den Seitenmauern noch jeweils drei Fenster mit Rundbogen Platz finden. Durch sie gelangt Licht in den Raum. Die drei Schiffe münden im Osten in eine Apsis. In der Vierung steht der Altar. Der Taufstein der Kirche galt lange Zeit als verschollen. Man vermutete, dass er zur Zeit der Bilderstürmer vergraben wurde, erst im 19. Jahrhundert fand man ihn wieder.

Adresse Klosterkirche Sankt Georg und Maria, Schäferhof 19, 37194 Wahlsburg-Lippoldsberg, Tel. 05572/334 | **ÖPNV** von Mitte März bis Ende Okt. fährt kurz hinter Gewissenruh eine Fähre auf die andere Seite | **Anfahrt** von der B 80 aus Richtung Bad Karlshafen in Gieselwerder über die Weser, dann links Richtung Wahlsburg | **Öffnungszeiten** täglich 9–18 Uhr, Klosterpforte für Fragen Mo–Sa 10–12 und 15–17 Uhr | **Tipp** In Lippoldsberg findet jedes Jahr um den 1. Advent am Samstag und Sonntag rund um die Kirche ein wirklich stimmungsvoller Weihnachtsmarkt statt.

111__Die Heimat von Max und Moritz

Da ist was im Busch

Dieses Dorf, mit gerade mal um die 1.000 Einwohnern im nördlichsten Zipfel des Weserberglandes gelegen, ist ein absolutes Muss. Denn es gibt wohl kaum ein anderes Dorf, in dem die Vergangenheit so lebendig ist und einer seiner bekanntesten Bewohner so omnipräsent wie in Wiedensahl. Der geniale Geschichtenerzähler Wilhelm Busch stammt hierher, und an ihm kommt kein Besucher vorbei. An jeder Ecke sind die Figuren aus seinen Geschichten zu finden. Mal aus Holz geschnitzt, mal aus Eisen, gemalt, gedrechselt oder in Stein verewigt: Max und Moritz, Witwe Bolte, Onkel Fritz oder Lehrer Lämpel. In seinem Geburtshaus befindet sich ein Museum, im heutigen Pfarrhaus ein Wilhelm-Busch-Zimmer. Im Garten stehen riesige Figuren aus seinen Geschichten, an den Straßenlaternen und selbst als Wegweiser zur öffentlichen Toilette. Und der Spielplatz liegt auf »Witwe Boltes Hühnerwiese«.

Der Zeichner und Dichter Wilhelm Busch wurde am 15. April 1832 in Wiedensahl geboren. Er galt schon zu Lebzeiten als einer der einflussreichsten Humoristen Deutschlands, seine Geschichten wurden Klassiker, und es gibt nur wenige, die noch nie von seinen Figuren gehört haben. Heute wird Busch zuweilen als ein Pionier des Comics bezeichnet, denn seine Bildgeschichten kommen diesem Genre nahe. Ihm verdanken wir aber auch gängige Redewendungen. »Dieses war der erste Streich, doch der zweite folgt sogleich« ist wohl die bekannteste.

Busch liebte seine Heimat, die Landschaft und Ruhe. Er kam immer wieder hierher, und einige seiner Geschichten entstanden in der Umgebung. Vielleicht war die kleine Dorfbrücke gegenüber dem Bahnhof das Vorbild für die Brücke, die »ritscheratsche« von Max und Moritz angesägt wurde? Was in Wiedensahl jedoch womöglich noch populärer ist, sind die Schützentafeln, die voller Stolz und Ordnung an den Giebeln der Bauernhäuser angebracht sind.

Ihr Foto

Adresse Hauptstraße 68 und andere, 31719 Wiedensahl | **Anfahrt** von der A 2 Abfahrt Bad Nenndorf, über die B 65 Richtung Stadthagen und Wiedensahl oder über B 83, dann auf die L 442 Richtung Obernkirchen, Sülbeck und Stadthagen und weiter nach Wiedensahl | **Tipp** In Lüthorst (zwischen Stadtoldendorf und Marktoldendorf) lebte Busch häufig bei seinem Onkel im Pfarrhaus. Hier gibt es einen Gedenkstein, ein Wilhelm-Busch-Zimmer und einen Pfad, der in zwölf Stationen sein Wirken in dem Ort beschreibt.

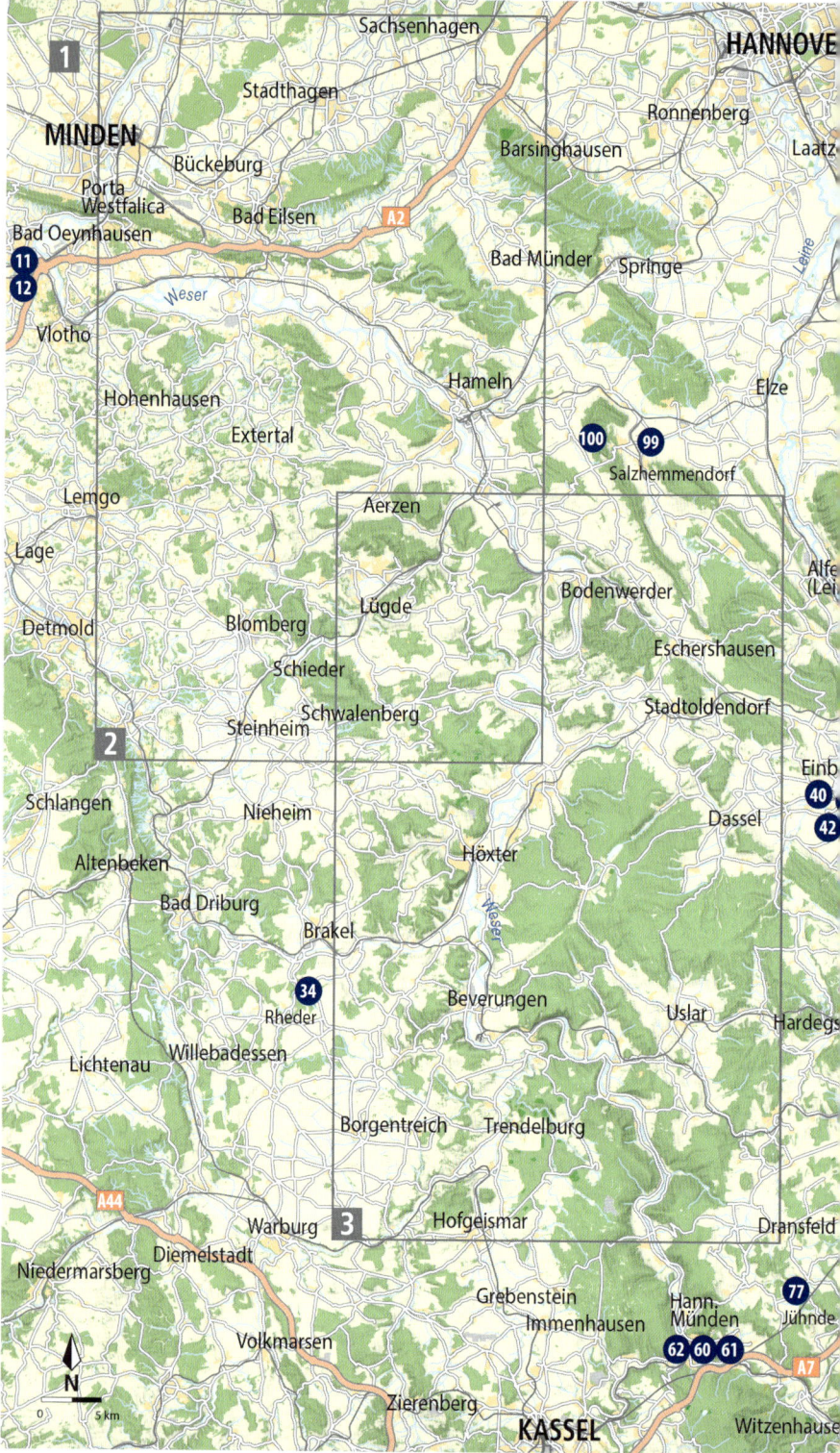

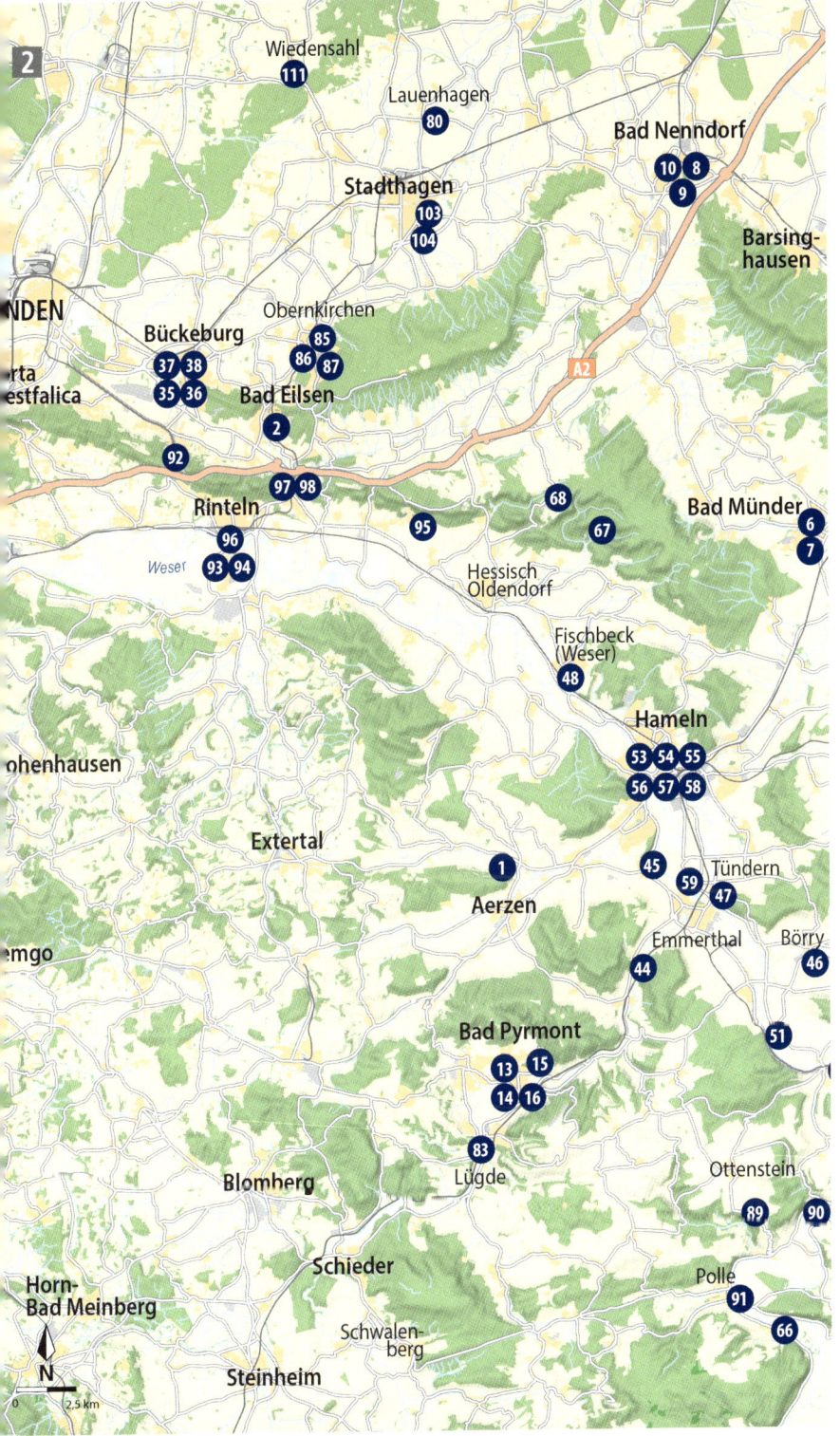

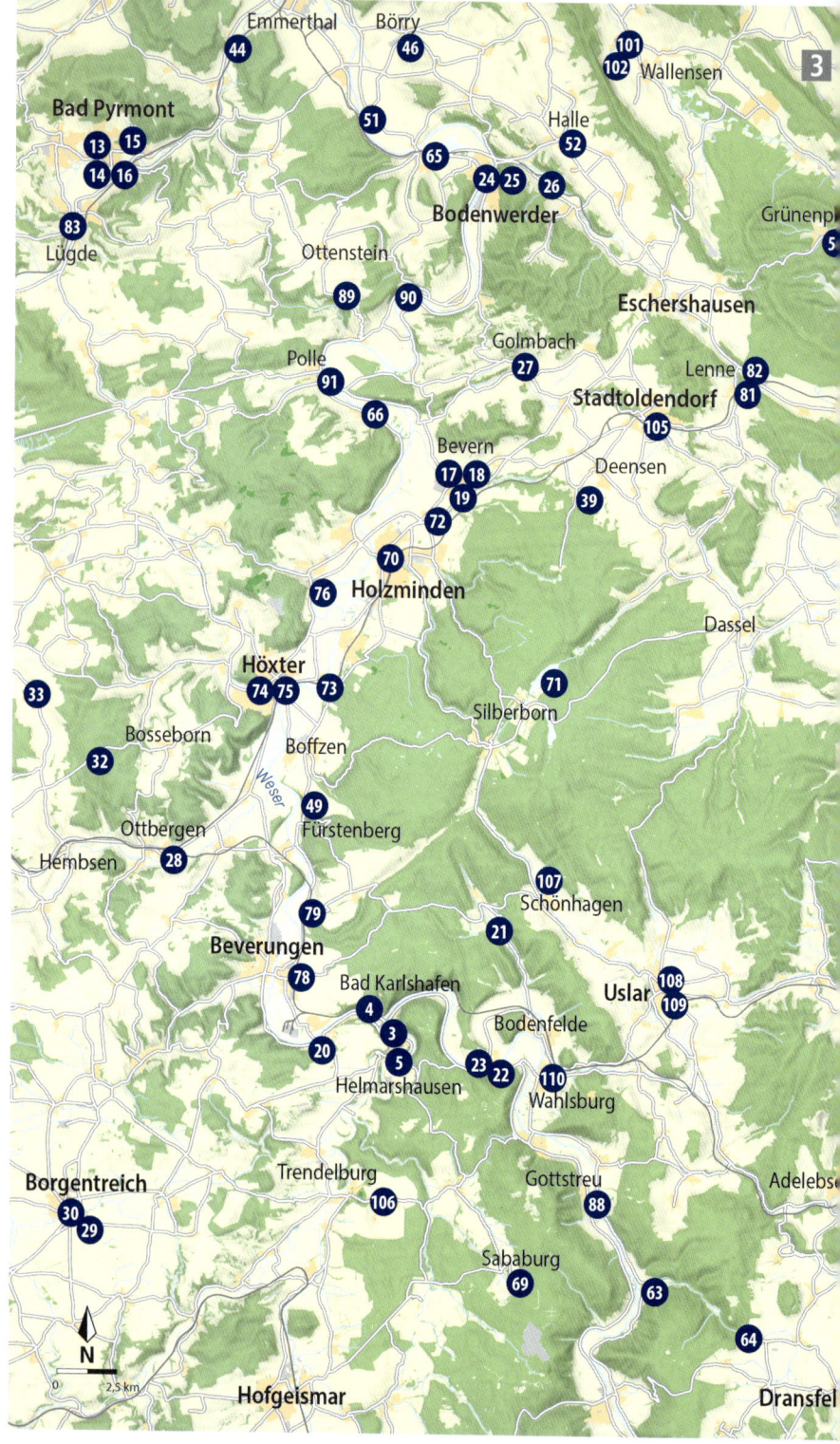

Dorothee Fleischmann,
Carolina Kalvelage
**111 Orte an der Costa Brava,
die man gesehen haben muss**
ISBN 978-3-95451-561-5

Dorothee Fleischmann,
Carolina Kalvelage
**111 Orte in Budapest, die
man gesehen haben muss**
ISBN 978-3-95451-744-2

Dorothee Fleischmann
**111 Orte im Taunus, die
man gesehen haben muss**
ISBN 978-3-7408-0126-7

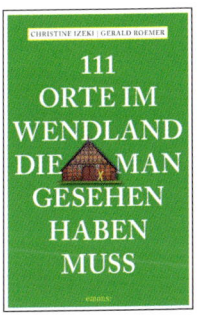

Christine Izeki, Gerald Roemer
**111 Orte im Wendland, die
man gesehen haben muss**
ISBN 978-3-7408-0352-0

Ingo Stock
**111 Orte auf Spiekeroog, die
man gesehen haben muss**
ISBN 978-3-7408-0339-1

Jacek Auerbach
**111 Orte in Oldenburg, die
man gesehen haben muss**
ISBN 978-3-7408-0249-3

Jochen Reiss
**111 Orte in und um Göttingen,
die man gesehen haben muss**
ISBN 978-3-7408-0240-0

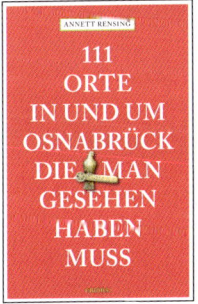

Annett Rensing
**111 Orte in Osnabrück, die
man gesehen haben muss**
ISBN 978-3-7408-0239-4

Norbert Ney, Sonja Bergot
**111 Orte in Ostfriesland, die
man gesehen haben muss**
ISBN 978-3-95451-828-9

Ingo Stock
**111 Orte im Teutoburger Wald,
die man gesehen haben muss**
ISBN 978-3-95451-859-3

Alexandra Schlennstedt,
Jobst Schlennstedt
**111 Orte in der Lüneburger
Heide, die man gesehen
haben muss**
ISBN 978-3-95451-844-9

Cornelia Kuhnert,
Günter Krüger
**111 Orte rund um Hannover,
die man gesehen haben muss**
ISBN 978-3-95451-707-7

Cornelia Kuhnert,
Günter Krüger
**111 Orte in Hannover, die
man gesehen haben muss**
ISBN 978-3-95451-086-3

Axel Klingenberg,
Thomas Hackenberg
**111 Orte im Braunschweiger
Land, die man gesehen
haben muss**
ISBN 978-3-95451-671-1

René Förder
**111 Orte in Sachsen-Anhalt
die man gesehen haben muss**
ISBN 978-3-89705-911-5

Kirsten Elsner-Schichor
**111 Orte im Harz, die man
gesehen haben muss**
ISBN 978-3-7408-0121-2

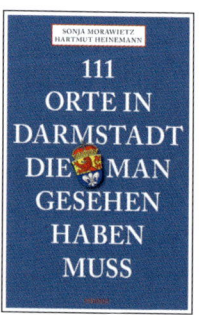

Sonja Morawietz,
Hartmut Heinemann
**111 Orte in Darmstadt, die
man gesehen haben muss**
ISBN 978-3-95451-920-0

Dietmar Hoos, Susanne Hoos
**111 Orte in Kassel, die
man gesehen haben muss**
ISBN 978-3-95451-854-8

Peter Bieg, Maximilian Staub
111 Orte in Trier, die man gesehen haben muss
ISBN 978-3-95451-848-7

Eva Wodarz-Eichner
111 Orte in Wiesbaden, die man gesehen haben muss
ISBN 978-3-95451-670-4

Rike Wolf, Tom Wolf
111 Orte in Frankfurt, die man gesehen haben muss
ISBN 978-3-95451-342-0

Christina Marx, Ingrid Schick
111 Orte im Vogelsberg und in der Wetterau, die man gesehen haben muss
ISBN 978-3-95451-227-0

Gertrud Steiger, Joachim Steiger
111 Orte im Odenwald, Spessart und an der Bergstraße, die man gesehen haben muss
ISBN 978-3-89705-945-0

Bernd F. Gruschwitz
111 Orte in Bremen, die man gesehen haben muss
ISBN 978-3-95451-210-2

Ursula Gilbert, Michael Klein
111 Orte im Siebengebirge, die man gesehen haben muss
ISBN 978-3-95451-921-7

Fabian Pasalk
111 Orte im Ruhrgebiet, die man gesehen haben muss, Band 2
ISBN 978-3-95451-223-2

Paul Stänner
111 Orte im Münsterland, die man gesehen haben muss
ISBN 978-3-95451-116-7

Alexandra Schlennstedt,
Jobst Schlennstedt
**111 Orte in Ostwestfalen-Lippe,
die man gesehen haben muss**
ISBN 978-3-95451-109-9

Ralf Koss, Stefanie Kuhne
**111 Orte im Bergischen Land,
die man gesehen haben muss**
ISBN 978-3-95451-027-6

Jörg Küster, Christina Kuhn,
Katrin Höller
**111 Orte in Südwestfalen, die
man gesehen haben muss**
ISBN 978-3-89705-926-9

Fabian Pasalk
**111 Orte im Ruhrgebiet, die
man gesehen haben muss**
ISBN 978-3-89705-814-9

Bernd Imgrund, Nina Osmers
**111 Orte im Kölner Umland,
die man gesehen haben muss**
ISBN 978-3-89705-777-7

Jochen Reiss
**111 Orte in Nordfriesland, die
man gesehen haben muss**
ISBN 978-3-95451-627-8

Jana Jürß
**111 Orte an der Mecklen-
burgischen Seenplatte, die
man gesehen haben muss**
ISBN 978-3-95451-536-3

HP Mayer
**111 Orte im Rheingau, die
man gesehen haben muss**
ISBN 978-3-95451-918-7

Christina Kuhn,
Christian Löhden
**111 Orte in der Pfalz, die
man gesehen haben muss**
ISBN 978-3-95451-085-6

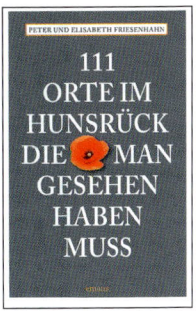

Elisabeth Friesenhahn,
Peter Friesenhahn
**111 Orte im Hunsrück, die
man gesehen haben muss**
ISBN 978-3-95451-319-2

Ulf Annel, Juliane Annel
**111 Orte an der Unstrut, die
man gesehen haben muss**
ISBN 978-3-7408-0347-6

Tim Frühling, Christine Frühling
**111 Orte in Osthessen und
in der Rhön, die man gesehen
haben muss**
ISBN 978-3-7408-0127-4

Michael Moll, Monika Barwinska
**111 Orte im Thüringer Wald, die
man gesehen haben muss**
ISBN 978-3-95451-515-8

Anke Müller
**111 Orte an der Mosel, die
man gesehen haben muss**
ISBN 978-3-95451-325-3

Stefanie Jung
**111 Orte in Rheinhessen, die
man gesehen haben muss**
ISBN 978-3-95451-082-5

Lust auf mehr? Laden Sie sich
die »LChoice«-App runter, scannen
Sie den QR-Code und bestellen
Sie weitere Bücher direkt in Ihrer
Buchhandlung.

Die Autorinnen

Dorothee Fleischmann arbeitet als Autorin. Sie hat für Literaturbeilagen, Reiseportale und Reiseführer geschrieben, an diversen Buchprojekten mitgearbeitet, sie lektoriert und macht Pressearbeit. Mit ihrem Mann und ihren zwei Kindern lebt sie in Berlin.

Carolina Kalvelage hat lange Jahre als Mediengestalterin gearbeitet, bis es sie gemeinsam mit ihrer Partnerin in die Welt hinauszog. Nach mehrjährigen Aufenthalten in Budapest, Wien und Barcelona lebt sie inzwischen in Madrid und Bremen.